하나님이 사랑하는 _____ 에게

일러두기

• 이 책은 국립국어원 '표준국어대사전' 표기법을 따랐으나 저자 고유의 글맛을 살리기 위해 다르게 표현한 부분이 일부 있습니다.
• 이 책에서 인용한 성경 구절은 대한성서공회의 '개역개정판'을 참조하였습니다.

하나님께
DM이 왔습니다

류하은 지음

Prologue

'청년들에게 하나님의 사랑과 위로를 전하는 삶'
2023년, 새벽예배 때 기도하며 새롭게 받은 저의 비전입니다.

 직장에서 함께 일하는 분들과 이야기하다가, 세상의 무너져 버린 가치관을 온 피부로 느끼게 된 날이 있었습니다. 제가 성경에서 배운 가치관과는 너무 달랐습니다. 요즘 청년들의 삶의 목표는 '안정감'과 '행복'이 되어버렸습니다. 그날의 대화에서 저도 모르게 큰 상처를 받았습니다.

 마치 제가 세상 물정도 모른 채 꿈에 부푼 꼬맹이가 되어버린 듯했습니다. 제가 꿈꾸고 바라는 것들이 터무니없는 환상처럼 느껴지고, '나도 세상의 청년들처럼 행복과 안정감만을 위해 살아가야 하는 것은 아닌가?'라는 생각에 이르자, 회의감마저 들었습니다. 이후 저는 상처 입은 마음을 어떻게든 회복하고 싶었고, 새벽예배에 나가 기도했습니다. 그때 주님이 새롭게 주신 비전이 바로 이 세대 청년들을 향한 마음이었습니다.

 청년들은 취업과 결혼, 출산과 육아 외에도 많은 것을 해나가야 하는데, 그 모든 목표가 오직 자신의 안정감과 행복으로 바뀌어 버렸습니다. 희망이라고는 없이, 결국 나만 내 인생을 책임질 수 있고, 그 모든 것을 이 악물고 견뎌내야 하는 삶을 살아가고 있는 듯합니다.

이런 안타까운 청년세대의 현실을 돌아보면서, 제 마음의 상처보다 청년들 안에 있는 수많은 상처를 바라보게 되었습니다. 그리고 온 세대의 희망인 청년들의 무너지는 모습을 바라보며, '하나님께서는 얼마나 가슴 아프실까?' 생각해보게 되었습니다. 그래서 이렇게 결단했습니다.

'청년들에게 하나님의 사랑과 위로를 전하고, 그들의 마음에 희망을 심어주어야겠다! 가진 것 하나 없어도, 하나님 한 분만으로 얼마나 행복하고 풍성한 삶을 살아갈 수 있는지 내가 직접 삶으로 보여주면서, 하나님을 전해야겠다!'

신기하게도 청년들을 향한 새로운 비전을 받은 후, 개인 묵상 계정으로 사용하던 인스타그램 계정(@hamuk_365)이 많은 사람에게 알려지기 시작했습니다. 70명이던 팔로워가 백 명, 천 명으로 늘어났습니다. 이 놀라운 광경을 보면서 '하나님께서 새롭게 주신 비전을 이뤄갈 도구로 이 계정을 예비하셨구나'라는 확신이 들었습니다. 그리고 이 계정을 통해 주로 개인적인 묵상들을 나누기 시작했습니다. '내가 경험한 하나님의 은혜를 나누면, 청년들에게 동일한 은혜가 전달될 거야'라는 마음이었습니다. 그런데 시간이 흐르며, '청년세대에 필요한 것이나 그들이 원하는 것은 무엇일까?'라는 생각을 하게 되었습니다. '어떻게 청년들에게 하나님의 사랑과 위로를 전달할 수 있을까?', '어떤 콘텐츠로 그 마음을 전해볼까?' 고민하던 중에 대학생 때부터 써오던 팡세(편지 & 일기)가 생각났습니다.

제가 팡세를 쓰기 시작한 것은, 대학생 때 CCC(한국대학생선교회)에서 훈련받으면서부터였습니다. 정말 힘들 때는, '이런 나를 바라보시며 하나님은 뭐라고 말씀하실까?'라는 생각으로 제가 하나님께 쓰는 편지가 아닌, 하나님께서 저에게 쓰실 것 같은 편지를 적기도 했습니다. 그런데 신기하게도 글을 다 적고 찬찬히 그 편지를 다시 읽어보면, 저도 모르게 하나님의 깊은 위로를 느끼고 눈시울이 붉어졌습니다. 제가 적은 글이지만, 마치 정말 깊은 하나님의 사랑이 담긴 편지를 받은 느낌이었죠. 그렇게 'From. 하나님' 콘텐츠가 탄생하게 되었습니다. 콘텐츠를 꾸준하게 올리고 팔로워들의 반응을 보면서 '하나님께서 이 콘텐츠를 분명하게 사용하고 계신다'는 확신이 생겼습니다.

"오늘 힘들었는데 위로받았어요."
"잠깐 쉬는 타임에 보게 된 글에 눈물이 주룩주룩 나네요."
"어떻게 제 마음을 딱 알고, 제목부터 저에게 딱 맞는 글을 올려주셨네요."
"세상에…. 하나님으로부터 편지를 받은 듯 눈물이 터지네요. 정말 감사합니다. 일만 보는 제게 하나님 바라볼 시간을 갖게 해주셔서요."

"마침, 하나님이 이번 주에 제게 말씀하시는 거였어요. 신기하기도 하고 하나님한테 미안해서 눈물이 나네요."

너무 신기하고 감사했습니다. 각자의 삶에서 고군분투하는 청년들이 'From. 하나님' 콘텐츠를 통해 언제나 그들을 바라보며 응원하고 사랑하시는 하나님의 마음을 느꼈다는 게요. 여전히 세상은 돈, 명예, 안정적인 직장, 행복… 같은 것들이 삶에서 중요한 가치라고 합니다. 하지만, 우리는 압니다. 그것들은 세상의 사라질 것들이며, 우리는 오직 진정한 진리 되신 하나님만을 따르는 삶을 살아야 한다는 것을요. 그리고 이런 삶이 우리에게 부담 주기 위한 것이 아니라, 그 어느 것과도 비교할 수 없는 참된 행복과 평안을 주는 길이라는 것을 말입니다.

이제는 분주한 일상을 살아가면서 세상에 물드는 것이 아니라, 이 세상을 물들이며 하나님의 사랑을 누리고 또 세상에 흘려보내는 청년 세대가 되길 기도합니다. 하나님의 편지로 하나님의 사랑과 위로가 가득 전달돼서, 하나님을 아는 청년에게는 회복이 임하고, 하나님을 모르는 청년들은 하나님의 사랑을 경험하는 귀한 기회가 되길 기도합니다. 마지막으로, 부족한 자를 사용하셔서 하나님의 비전을 품게 하시고, 그 비전을 세상 가운데 비추게 하신 하나님께 모든 영광과 감사를 올려드립니다.

2025. 5
류하은

목차

Prologue 4
Special page 194
Epilogue 201

Chapter 1 · 위로
나의 시선은 매 순간 너를 향해 있단다

하나님, 모든 것을 내려놓고 도망치고 싶어요 14
이 우울감으로부터 벗어나고 싶어요 17
죽음에 대한 두려움이 밀려와요 21
왜 항상 힘든 일은 연달아 오는 걸까요? 24
매일 반복되는 일상이 지루해요 27
가정에서의 어려움들, 대체 어떻게 바라보아야 할까요? 30
저도 세상의 가치들이 부러워요 34
열심히 노력했는데, 또 떨어졌어요 38
오늘도 그 사람 때문에 울었어요 42
너무 바쁜 매일의 일상, 이게 맞는 걸까요? 46
실수하는 제 모습이 너무 미워요 50
제 마음 속에 분노가 가득해요 53

직접 쓰는 나의 기도

Chapter 2 · 격려
네 삶의 결말은 언제나 승리란다

복음대로 살지 못하는 나, 이대로 괜찮나요?	60
꼭 뜨거운 신앙생활을 해야 하는 걸까요?	64
진지하게 퇴사를 고민하고 있어요	68
예배만 잘 드리면 됐지, 성경을 꼭 읽어야 하나요?	72
사소한 것에 자꾸 불평하게 돼요	76
비전을 이뤄가는 과정이 지치고 즐겁지 않아요	80
미래를 생각하면 두려움이 밀려와요	84
하나님, 진짜 일하고 계신 거 맞아요?	87
새로운 도전을 하는 것이 두려워요	90
열심히 살고 있지만, 잘 살고 있는지는 모르겠어요	94
반복해서 죄를 짓는 제가 싫어요	98
불안과 걱정 속에서 빠져나오고 싶어요	101

직접 쓰는 나의 기도

Chapter 3 · 사랑
내 머릿속은 너로 가득하단다

하나님, 저는 왜 이렇게 부족한 걸까요?	106
죄 많은 저를 정말 사랑하시나요?	109
어떻게 해야 크리스천답게 연애하는 걸까요?	112
새로운 직장에 적응하지 못해서 외로워요	116
자꾸만 다른 사람들을 비판하고 평가하게 돼요	120
어떻게 하나님이 예비한 짝이란 걸 알 수 있나요?	124
아름다운 자연을 보며, 하나님의 사랑을 더욱 느껴요!	128
저도 모르게 세상의 가치관에 물들어 있어, 너무 괴로워요	131
도저히 사랑할 수 없는 사람이 있어요	135
자꾸만 하나님보다 좋아지는 것들이 있어요	139
하나님과 동행하는 결혼준비는 어떻게 하는 건가요?	142
하나님께서 알려주신 사랑을 실천하기가 어려워요	145

직접 쓰는 나의 기도

Chapter 4 · 정체성
너는 존재 자체로 나에게 기쁨을 준단다

하나님, 제 아기 시절도 기억나세요?	150
저는 다른 사람들보다 부족한 것 투성이에요	154
다른 사람들의 시선에서 자유롭고 싶어요	158
예배를 꼭 교회에 가서 드려야 하나요?	162
뚜렷한 비전이 없는 저는 어떤 마음으로 살아야 하나요?	165
부족함 많은 제가 부모가 될 자격이 있을까요?	168
중요한 시험을 준비하며, 마음 지키기가 어려워요	172
모태신앙인데, 하나님과 가까워지는 방법을 모르겠어요	175
너무 힘든 날들을 보내며, 감사하는 마음이 사라졌어요	178
하고 싶은 것만 하면서 사는 사람들이 더 행복해 보여요	181
다른 종교와 기독교는 무엇이 다른 건가요?	185
하나님, 우리를 지으신 목적이 무엇인가요?	189

직접 쓰는 나의 기도

Chapter 1

나의 시선은
매 순간 너를 향해 있단다

(위로)

하나님,
모든 것을 내려놓고 도망치고 싶어요

하나님,
저는 요즘 가장 힘든 시기를 보내고 있어요.
폭풍처럼 몰아치는 고난들 속에서 금방이라도
털썩 주저앉아버릴 것 같아요.

하나님 안에서 비전을 품고,
최선을 다해 살아가려고 열심히 노력하는데
이 삶이 저에게 너무 버거워 지쳐버린 것 같아요.

어려움은 왜 항상 같이 오는지,
체력적으로나 심적으로 힘든데,
여러 가지 관계적인 문제들도 발생하고
공동체에서 마음 어려운 일들까지 저를 더 힘들게 하네요.

이렇게 지쳐있는 마음으로 하루하루를 살다 보니,
하나님의 일을 하고 있고,
비전을 향해 나아가고 있음에도,
전혀 행복하지가 않아요.

모든 것을 내려놓고 도망치고만 싶어요.

사랑하는 내 자녀야,
고통 속에서 힘들어하는 너를 보니
내 마음도 찢어지는구나.

살아가는 것이 참 쉽지가 않지?
이 세상 가운데 이리저리 부딪치며 살아가는
네 모습을 보는 내 마음도 아프단다.

하지만 내 사랑아,
너의 그 모든 순간에 내가 함께 하고 있어.
난 단 한 순간도 너를 떠나지 않고 있어.

힘든 세상 속 지쳐있는 네 마음에
나의 평안이 스며들길 바라며,
매 순간 널 위해 일하고 있단다.

나는 오늘도 네가 나를 바라보길,

내 생각을 한 번이라도 더 해주길 바라며
사랑스러운 너를 바라보고 있단다.

내 사랑아,
고난 가운데서 나를 바라봐 주어 고마워.
혼자 힘으로 갈 수 없는 그 길에서,
네 눈물이 웅덩이처럼 고인 그곳에서,
나에게 기도해 주어 고마워.

내가 너를 회복시킬 거야.
반드시 너에게 이겨낼 힘을 줄 거야.
네가 나를 바라본 그 순간이,
이미 회복의 시작이란다.

걱정 마, 내 사랑.
내가 너의 아빠이며,
내가 너를 사랑한단다.

내가 네게 명령한 것이 아니냐 강하고 담대하라
두려워하지 말며 놀라지 말라 네가 어디로 가든지
네 하나님 여호와가 너와 함께 하느니라 하시니라
(여호수아 1:9)

이 우울감으로부터 어떻게 벗어날 수 있을까요?

하나님,
오늘은 하루 종일 너무 우울했어요.

일 끝나고 친구를 만났는데
그렇게 기다리던 만남이었음에도,
왠지 모를 어색함이 느껴졌고
맛있는 음식을 먹어도 행복하지가 않았어요.
친구와 헤어지고 돌아오는 길에는
왠지 모를 공허함까지 느껴졌어요.

요즘 부쩍이나 이런 감정이 자주 올라오는데,
오늘은 특히나 더 우울이라는 감정에 붙잡혀 산 것 같아서
죄책감이 드는 밤이에요.

이런 감정이 왜 드는지 뚜렷한 이유도 모르겠고,
그저 시간이 흐르면 사라지길 기다리고 있어요.
말씀을 읽고 기도하고 하나님 앞에 나아가면,
이런 우울감이 사라질까요?
내일은 조금 더 활기차게 살아가길 바라며,

잠에 들어볼게요.
하나님께서 제게 이겨낼 힘을 주세요.

사랑하는 내 자녀야,
오늘 하루 기뻐하지 못하고 우울한 감정에 빠져 지냈구나.
하루 종일 기운 없는 네 모습을 보며,
내 마음도 너무나 안타까웠단다.

하지만 괜찮아.
우울할 수 있어.

나는 너에게 기뻐하라고 했지만,
너의 우울감을 숨기고 부정하라고 하지 않았단다.
너의 그 모든 감정을 나는 수용하고 있어.

혹여 너의 마음속에
부정적인 감정들에 대한 죄책감이 있고,
그 죄책감으로 너의 우울함이 계속해서 또 반복된다면,
그 모든 감정까지 솔직하게 가지고 나아오렴.

나는 언제나 널 기다리고 있단다.

나는 너를,
네가 기뻐할 때만 사랑하는 게 아니야.
네가 우울할 때나 슬퍼할 때도,
괴로움 속에서 발버둥 칠 때나
스스로 자책하며 무너지고 있을 때도,
나는 언제나 너를 사랑해.

네 존재 자체로 너는 나에게 선물이야.
너의 어떠함 때문이 아니라,
그냥 네 존재 자체로, 난 널 사랑해.

너의 힘든 마음도 나에게 가져오렴.
그 모든 걸 숨기지 않고 내 앞에 내려놓을 때,
너는 내 안에서 평안을 누리고
진정한 내 사랑을 느낄 수 있을 거야.

혹시 네가 당장 날 느끼지 못하더라도
내가 언제나 널 기다리고,
널 사랑한다는 건 변하지 않아.

눈에 보이지 않아도,
느껴지지 않아도,
나는 언제나 너를 기다리고 있단다.
조금씩, 천천히, 회복되어 갈 거야.

이리 와, 사랑하는 내 자녀야.
네 모든 걱정과 근심도 다 가져오렴.
나와 함께 할 때,
그 모든 것은 더 이상 너를 힘들게 하지 못할 거야.

아무 것도 염려하지 말고 다만 모든 일에 기도와 간구로,
너희 구할 것을 감사함으로 하나님께 아뢰라
그리하면 모든 지각에 뛰어난 하나님의 평강이
그리스도 예수 안에서 너희 마음과 생각을 지키시리라
(빌립보서 4:6-7)

죽음에 대한 두려움이 밀려와요

하나님,
이번에 큰 사고와 관련된 뉴스를 접하게 되었어요.
많은 사람의 죽음에 대한 소식을 계속 접하다 보니,
저의 마음속에도 죽음에 대한 두려움이 생겨나기 시작했어요.

'나 혹은 가족들이 병에 걸리거나,
사고 때문에 죽게 되면 어쩌지?'하는
걱정들이 몰려오기 시작했어요.

하나님을 믿기 때문에 천국 소망이 있지만,
저도 모르게 '죽음'이 두려움의 대상이라는 생각을
갖게 되는 것 같아요.

언젠가 누구든 죽음을 직면하게 될 텐데,
하나님 안에서 죽음에 대해 어떤 마음을 가져야 할까요?
불안이 아닌 평안을 가지기 위해선 어떻게 해야 하나요?
죽음에 대한 이 두려움을 하나님 앞에 내려놓고 싶어요.

사랑하는 내 자녀야,
죽음에 대한 두려움을 느끼고 있구나.

죽음을 두려워하는 네 마음은,
어쩌면 인간으로서 느끼는 당연한 것이란다.

너희가 보고 느끼는 것들이 사라져 버리는 그때를 상상하면,
두려움이 몰려올 수밖에 없을 거야.
눈에 보이는 것들이 사라지는 건,
누구에게나 두려운 일이니 말이야.

하지만 너희가 바라보아야 할 것은
유한한 세상이 아니라 무한한 행복이 있는,
나와 함께 하는 영원한 삶이란다.

눈을 감고 상상해 보지 않겠니?

네가 나와 만나게 되는 순간,
너는 모든 것으로부터 자유로워지며
나와 온전한 화합을 이루게 될 거야.

Chapter 1 · 나의 시선은 매 순간 너를 향해 있단다

너는 지금까지 누려본 적 없는 참 기쁨을 경험하게 될 거야.
그날은 그 어느 날보다
찬란하고 영광스러운 날이 될 것이란다.

어때? 그날이 기다려지지 않니?

죽음으로 인한 두려움이 너를 옭아맬 때는,
눈을 감고 나를 생각해주렴.
모든 것이 밝게 빛나는 나의 궁전에서,
나와 만나게 될 감격의 순간을 상상해주렴.

나는 너와 만날 그 순간을 언제나 기다리고 있어.
나의 사랑하는 자녀와 하나가 되는 그 순간을.

모든 눈물을 그 눈에서 닦아주시니
다시는 사망이 없고 애통하는 것이나 곡하는 것이나
아픈 것이 다시 있지 아니하리니
처음 것들이 다 지나갔음이러라
(요한계시록 21:4)

왜 항상 힘든 일은 연달아 오는 걸까요?

하나님,
요즘 저를 둘러싼 모든 것이 무너지는 것만 같아요.

사람을 의지하려 하면 할수록 그에게서 실망하며,
사람은 제 마음 어느 곳도 채워주지 못한다는 걸 깨닫고,
세상을 의지하려 하면 할수록 이리저리 변하는 세상에,
오히려 상처만 받는 저를 발견하게 되었어요.

대체 왜 힘든 일들은 항상 연달아 오는 걸까요?
이제는 더 이상 버틸 힘이 없는데,
심지어 버텨보려는 의지도 생기지 않아요.

더 이상 제게 남은 것이 하나도 없다고 생각하니까,
매일 울다 잠들게 돼요.

이렇게 앞이 보이지 않고, 이해되지 않는 상황 속에서
저를 향한 하나님의 계획이 있기나 한 건지,
의심하게 될 때가 많아요.
하나님, 저 이제 어떻게 하면 좋을까요?

사랑하는 나의 자녀야,
의지했던 모든 것이 사라진 것 같은 상황에서
힘들어하고 있구나.

이 세상의 어떤 것도
너를 온전히 지켜줄 수 없단다.
세상도, 사람도 겉으로 보기엔
너의 모든 것을 채워줄 수 있을 것처럼 보일 거야.

하지만 시간이 흐르고, 상황들이 바뀌면서
너를 지켜줄 것 같았던 모든 것은
결국 변하고, 사라질 수밖에 없단다.

그렇기에 너는 진리를 붙들어야 하는 거란다.
언제나, 어떤 상황에서도
흔들리지 않고 너를 붙들어줄 수 있는 진리 말이야.

그리고 그 유일한 길은, 오직 나란다.
오직 나로부터 너의 모든 것이 채워질 수 있단다.

폭풍처럼 휘몰아치는 고난 속에서
나의 손을 잡고, 나를 바라봐주겠니?

당장은 미래가 보이지 않고,
수많은 상황이 이해되지 않겠지만,
나는 태초부터 너를 위한 모든 것을 계획해 두었단다.

한 치의 오차도 없이,
너는 완벽한 나의 계획 안에서 걸어가고 있어.

모든 두려움을 내려놓고,
변치 않는 진리인 나를 의지해주렴.

내가 사망의 음침한 골짜기로 다닐지라도
해를 두려워하지 않을 것은 주께서 나와 함께 하심이라
주의 지팡이와 막대기가 나를 안위하시나이다
(시편 23:4)

매일 반복되는 일상이 지루해요

하나님,
요즘 제 삶이 너무 지루해요.
매일의 일상이 끝도 없이 반복되는 느낌이에요.

특별한 일이 생기는 듯하다가도
다시 반복되는 일상에
이제는 무기력함을 느끼고 있어요.

제가 하는 일이 특별히 멋진 사명의 일도 아닌 것 같고,
스스로 하나님께 크게 쓰임 받고 있다는 느낌도 들지 않아요.

아침에 일어나면 직장에 출근하고,
퇴근하고 집에서 무료한 시간을 보내는 이 모든 날이
과연 어떤 목적을 위해 달려가는 삶인지
의문이 들 때가 많아요.

무엇이 잘못된 걸까요?
이 일상에서 어떤 가치를 찾아야 할까요?

사랑하는 내 자녀야,
반복되는 일상 속에서 무기력함을 느끼고 있구나.
특별할 것 없는 일상이 지루하게 느껴지니?

그런데 그거 아니?
나는 네 삶의 모든 순간을 기적으로 가득 채우고 있단다.
너의 일상을 위해, 나는 끊임없이 일하고 있단다.

아침에 눈을 뜨는 것,
문밖을 나서며 시원한 바람을 맞는 것,
익숙한 길을 걸으며 목적지에 도착하는 것,
내가 세운 그 자리에서 너의 책임을 다하는 것,

사실 이 모든 것은
내가 이 세상을 창조할 때부터 계획한
너를 위한 선물이야.

지루해 보이는 너의 일상을 다시 한번 돌아보지 않을래?

아침에 새로운 하루를 건강히 맞이하는 것,

나의 사랑이 가득 담긴 자연을 누리는 것,
안전하게 하루를 살아가는 것,
내가 너에게 준 가장 귀한 자리에서
나의 자녀로서 하루를 살아내는 것,

너의 시간은,
단 하루도 의미 없이 지나간 적이 없단다.
평범해 보이는 네 일상도
사실은 나와 함께 하는 기적의 순간들이란다.

새롭고 멋진 일들을 하는 것도 좋지만,
지금 너에게 주어진 그 하루를 나와 동행하며 살아내는 것도
내 눈엔 얼마나 자랑스러운지 아니?

네가 나와 함께 한다면,
너의 일상은 매 순간 빛이 나게 아름다울 거야.

여호와의 인자와 긍휼이 무궁하시므로
우리가 진멸되지 아니함이니이다
이것들이 아침마다 새로우니 주의 성실하심이 크시도소이다
(예레미야애가 3:22-23)

가정에서의 어려움들, 대체 어떻게 바라보아야 할까요?

하나님, 저 고민이 있어요.

하나님이 만드신 가장 귀한 공동체인 가정 안에서
하나님의 사랑을 풍성하게 흘려보내고 싶은데,
계속해서 사랑 없는 제 모습을 직면하게 되어요.

교회에서나 직장, 그리고 다른 공동체에선
내가 아닌 다른 사람을 먼저 섬기기 위해 노력하면서,
내 모든 솔직한 모습이 드러나는 가정에선
내 욕심과 유익대로, 감정대로 행동하게 돼요.

그리고 이런 제 부족한 모습을 보며
후회하고 회개하지만,
이런 모습이 쉽게 바뀌지 않는 것 같아요.

주변 친구들을 만나도,
저마다 가정에서의 상처들을 가지고 살아가는 것 같아요.

가장 깊은 관계를 맺으며,
가장 큰 사랑이 넘쳐나야 할 가정에는
왜 항상 복잡하고 깊은 문제들이 자리 잡고 있는 걸까요?
가정의 어려움들을 어떻게 받아들여야 할까요?

사랑하는 내 자녀야,
오늘도 네가 속한 많은 공동체 안에서
내 사랑을 흘려보내 주어 고마워.

사람들과 관계를 맺으며 살아가는 것이
쉽지만은 않을 거야.

그중에서도 특히, 가장 많은 시간을 함께하며
가장 솔직한 너의 모습이 드러나는
가정에서의 삶이 쉽지 않을 거란다.

가정 밖에서는 숨길 수 있던 너의 연약함도,
다른 사람을 배려하려 노력하며
어떻게든 참으려 했던 네 분노도,

유독 가정에서는 너무 쉽게 드러나 버리지?

너뿐만 아니라, 가족들 모두
각자의 연약한 모습을 서로 마주하면서
서로를 비난하고,
사랑 없이 행동할 때가 참 많을 거야.

그런데 그거 아니?
나는 가정을 항상 행복하고 평안하기만 하도록
만들지 않았단다.
물론 가정의 기초는 사랑이야.
모든 것의 기초는 사랑이지.

하지만, 네가 가정에서 일어나는
여러 고난들을 부정하고 절대적인 행복만 추구하면서,
그렇지 못할 때 무너지고 좌절하는 모습은
내가 기뻐하는 모습이 아니란다.
가정은 거룩함을 위한 곳이기 때문이야.

그 어느 곳보다 깊은 관계가 형성되어있는 가정 안에서,
너는 점점 더 거룩해져 갈 수 있단다.

너의 모난 부분들이 다듬어져 가고,

너의 연약함이 성장해 가고,
너에게 없는 사랑을 나로부터 받아
흘려보내는 연습을 계속해서 하게 될 거야.

세상이 꿈꾸는 가정은
매 순간 행복하고 기쁨이 넘치며
자신의 만족이 가득 채워지는 곳이지만,

내가 바라는 가정은
서로가 연약함에도 불구하고 서로를 사랑하는 곳,
나로부터의 사랑이 흘러 들어가 점점 더 연합되는 곳,
세상의 사랑이 아닌 나의 사랑이 실현되는 곳,
힘듦 가운데서도 더욱 단련되는 곳이란다.

이제 네가 힘들어하던 모든 것이 이해되니?
가정에서의 모든 시간은, 나를 닮아가는 시간이란다.
오늘도 거룩을 위해 힘써주겠니?

하나님께서 구하시는 제사는 상한 심령이라
하나님이여 상하고 통회하는 마음을
주께서 멸시하지 아니하시리이다
(시편 51:17)

저도 세상의 가치들이 부러워요

하나님,
저는 하나님 안에서
이미 충분한 행복을 누리고 있다고 생각했어요.

그런데 요즘은 왠지,
주변 사람들을 보면서 '내가 누리는 행복이
진짜 행복이 맞을까?' 하는 생각을 하곤 해요.

친구들이 맛있는 걸 먹고, 재밌게 놀면서
하고 싶은 걸 다 하며 살아가는 모습이 부럽기도 하고,

집을 사거나 차를 사고,
직장에서 높은 자리에 올라가는 걸
가장 큰 행복이라고 하는 걸 보며,
'나도 저렇게 해야 할까?'라는 생각이 들기도 해요.

그러다 보니 미래를 위해 준비할 때,
저도 모르게 세상에서 말하는 것처럼
재정적인 풍요와 안정적인 직장을

우선순위로 생각하게 되는 것 같아요.

하나님의 가치는 세상의 가치와 다른데,
계속 세상 속에서 행복의 기준을 찾으려는
이 마음을 저도 내려놓고 싶어요.

사랑하는 내 자녀야,
세상에서의 행복과 내 안에서의 행복 사이에서
혼란스러워하고 있구나.

세상이 바라보는 행복은 매우 자기중심적이란다.
미래의 행복을 위해 안정감 있는 삶만을 추구하라고 하지.
재정의 안정, 직장의 안정, 관계의 안정, 감정의 안정….

세상은 모두 충분하고 안정적으로 채워져 있는 것만을
행복이라고 느끼도록 계속해서 너를 속일 거란다.
그런 것들을 쌓다 보면,
스스로를 지킬 수 있을 거로 생각하게 만들면서 말이야.

그런데 그거 아니?
사람은 본능적으로 안정적인 상태에서는
나를 바라보지 않게 된단다.
이미 그 상태가 충분히 행복하다고 느끼기 때문이야.

그리고 결국 그 끝에서,
모든 것이 진짜 행복을
가져다줄 수 없다는 것을 깨닫게 되는 거란다.
삶이 공허함으로 가득차게 되면서 말이야.

그러니 나는 네가 안정적인 삶을 추구하는 것이 아니라,
나와 동행하는 삶을 추구하길 바란단다.

나와 함께 하는 너의 삶은 이미 완전한 행복으로 가득해.
미래의 네가 어디에서 살든, 어디에서 일하든 상관없이,
네가 지금처럼 나와 동행하며 살아낸다면
그건 이미 행복한 삶인 거야.

너의 어떠함과 상관없이,
너의 미래는 이미 완전한 행복 가운데 있을 것이란다.
내가 너와 함께할 것이기 때문이지.

이제 미래에 대한 불안을 내려놓고,

나와 함께할 미래를 기대하며 나아가 주겠니?

나는 자신할 수 있단다.
세상 그 무엇도,
너에게 나보다 더 큰 안정감을 주지 못할 거라는 걸.

우리가 무슨 일이든지 우리에게서 난 것 같이
스스로 만족할 것이 아니니
우리의 만족은 오직 하나님으로부터 나느니라
(고린도후서 3:5)

열심히 노력했는데, 또 떨어졌어요

하나님,
지난주에 열심히 준비했던 시험을 쳤어요.

일 년이라는 시간 동안
주님 안에서 비전을 바라보며
최선을 다해 열심히 공부했어요.
놀고 싶어도 놀지 않고,
사람들도 만나지 않고 공부에만 집중했어요.

그런데, 오늘 결과를 확인했는데
제가 원했던 결과가 나오지 않았어요.
분명 주님의 비전을 따라가고 있는데,
왜 제가 꿈꾸던 결과가 나오지 않았을까요?

주님이 원하시는 길이 이 길이 아닐까요?
최선을 다해서 그런지, 결과에 대한 실망이 더 큰 것 같아요.
다시 이 비전을 붙들고 나아가야 할지 고민이 돼요.

무엇이 옳은 것일지 고민하느라,

다시 시작할 의지도 안 생기는 것 같아요.
저는 어느 길로 나아가야 할까요, 하나님?

사랑하는 내 자녀야,
나를 바라보며 비전을 붙들고 나아가는
네 모습이 참으로 귀하구나.

하지만 네 기대와는 달리,
열심히 준비했던 것들이 무너지는 순간이나
원하고 바랐던 것들이 틀어지는 순간,
지금까지 네가 들인 노력이 모두 사라지는 것처럼
느껴질 때가 있지?

그런데 그거 아니?
네가 열심히 땀 흘린 그 노력과
비전을 향해 달려갔던 모든 시간은
단 하나도 헛되이 버려지지 않는단다.

결과와 상관없이,
너의 모든 순간은 그 자체로 소중하단다.

지금 네 눈에 보이는 결과가 전부가 아니며,
내가 그 모든 것을 결국 선하게 이끌 것이기 때문이지.
네가 계획한 시간표대로
인생이 흘러가지 않더라도,
두려워하지 말고, 나를 바라보렴.

네가 노력한 모든 순간이 모여
어떤 찬란한 결과를 만들어낼지는
오직 나만이 안단다.

네 삶의 모든 순간이 차곡차곡 쌓여 너의 성장을 이루고,
나중에 돌아봤을 때 네가 상상하지 못한
놀라운 결과를 만들어 낼 것이란다.

지금 네 눈앞에 보이는 결과에 흔들리지 말렴.
나는 네가 승리하는 그 순간을 지금도 보고 있단다.

너의 승리는 이미 결정되었으니 기뻐하렴.
네 삶에 실패는 없단다.
모든 것은 실패가 아니라 과정일 뿐이란다.

우리가 알거니와 하나님을 사랑하는 자
곧 그의 뜻대로 부르심을 입은 자들에게는
모든 것이 합력하여 선을 이루느니라
(로마서 8:28)

오늘도 그 사람 때문에 울었어요

하나님,
오늘도 관계 속에서 상처받아 울었어요.
직장에서 그 사람의 말과 행동이 저를 너무나 힘들게 해요.

저를 무시하는 듯한 태도를 보이며
존중하지 않는 말과 행동을 하는 것이나,
저의 가치관을 너무나 쉽게 판단해 버리는 것도,
계속해서 제 마음을 어렵게 해요.

이게 그 사람의 연약한 부분이라는 걸
머리로는 알고 있지만,
그럼에도 막상 그런 상황에 놓이면
저도 모르게 마음이 무너지게 되어요.

하나님처럼 사랑의 마음을 품고 싶다고
수없이 생각하지만, 그게 마음처럼 쉽지만은 않아요.

저도 그 사람을 똑같이 대하면 마음은 편하겠지만,
하나님의 자녀로서 그 사람을

사랑해야 한다는 걸 알고 있어서
이런 반복되는 상황들이 더 힘든 것 같아요.

제가 그 사람을 어떻게 사랑해야 할까요?
하나님의 마음을 품고 싶어요.

사랑하는 내 자녀야,
관계 안에서 무너지고,
사람으로 인해 힘들어하는 너를 바라보며
나도 너무나 안타깝구나.

모든 사람은 저마다 연약함을 가지고 있기 때문에,
서로에게 상처를 주고받으며 무너질 때가 있단다.
그런 상황 속에서 상대방을 온전히 이해한다는 게
참 쉽지 않은 걸 나도 안단다.

그럼에도 불구하고,
그 사람 역시 내가 사랑하는 나의 자녀란다.

그 사람도 너처럼,
존재만으로도 귀하고 소중한 선물이란다.

잠시 너의 생각을 내려놓고,
그 사람 안에 있는 결핍과 연약함을 생각해 주겠니?
그 사람의 모난 행동들은
결국 마음속 결핍과 상처에서 나오는 거란다.
자기도 모르게 다른 사람에게
그 상처를 똑같이 주는 그 모습이 너무나 안타깝지.

나는 너에게 간절히 바라고 있어.
네가 그 사람의 상처를 알아봐 주고
그를 위해 함께 기도하고 수용해 주기를 말이야.
너에게 그럴 수 있는 힘이 있기 때문에,
너에게 그 사람을 보낸 것이란다.

그 과정에서 너는 더욱 성장하고, 더욱 다듬어질 거야.
또한 다른 누군가도 너의 연약함을 수용해주고 있다는 것을
깨달을 수 있을 거야.

세상이 말하는 관계는
자기의 이익을 위한 것이지만,
내가 원하는 관계는 오직 '사랑'이란다.

내가 너에게 넘치도록 부어주는 이 사랑을,
그 사람에게도 흘려보내 줄 수 있겠니?

너의 사랑이 부족하지 않도록
내가 넘치게 사랑을 부어줄게.
나와 함께 사랑을 더 깊이 배워가지 않겠니?

그러므로 사랑을 입은 자녀같이
너희는 하나님을 본받는 자가 되고,
그리스도께서 너희를 사랑하신 것 같이
너희도 사랑 가운데서 행하라
그는 우리를 위하여 자신을 버리사
향기로운 제물과 생축으로 하나님께 드리셨느니라
(에베소서 5:1-2)

너무 바쁜 매일의 일상, 이게 맞는 걸까요?

하나님,
올해는 유독 맡은 일들이 참 많아요.

직장에서 해내야 할 일도 너무 많은데,
맡은 사역들까지 점점 늘어나고 있어요.
하나님이 보내주신 동역자들도 만나야 하는데
그러기에는 하루하루가 너무 짧아요.

사실 체력적으로 너무 힘든데,
그래도 모든 일을 하나님이 저에게 맡겨주셨다고 생각하며
어떻게든 해내려고 발버둥 치고 있어요.

그런데 가끔 너무 지쳐서 다 포기해 버리고 싶을 때도 있어요.
제가 맡은 일들을 생각하면,
'이걸 내가 다 할 수 있을까?'라는 미음이 먼저 들어요.

이렇게 분주하게 살아가는 것이 과연 하나님이
기뻐하시는 일이 맞을까요?

저의 시선이 하나님께로 향하도록,
더욱 노력해야 할 것 같아요.

사랑하는 내 자녀야,
오늘도 너의 삶을 최선을 다해 살아내 주어 기쁘구나.

쉽지 않은 상황에서도
끝까지 포기하지 않고 네가 맡은 일을 해내려고
노력하는 모습이 참 기특하구나.

그런데, 너에게 한 가지 묻고 싶은 게 있어.

지금 네 마음의 중심은
어디를 향하고 있니?

나를 의지하며 나아가겠다고 하지만,
너의 마음 안에 불안이 가득 차올라
결국 네 힘으로 모든 것을
해내려는 모습을 보니 너무나 안타깝구나.

내가 너에게 그 일들을 맡긴 것은
너의 실력을 시험해보기 위해
그 일들을 네게 준 것이 아니란다.

나는 그저 너와 함께 모든 순간을 동행하고 싶었을 뿐이야.
너에게는 막막해 보이는 일들이라도,
내가 함께 한다면 내 능력으로 그 모든 것을
능히 해낼 수 있다는 걸 알려주고 싶었단다.

네가 한 걸음씩 나아가는 모습은 너무 기특하지만,
너의 시선이 어느 순간 내가 아니라
눈에 보이는 성취만을 바라보고 있지 않은지
계속해서 돌아보길 원한단다.

너의 힘만을 의지해서 나아가다
지쳐버리는 것이 아니라,
나의 손을 잡고 나와 동행하며
내가 이루는 놀라운 기적을 함께 보며
기뻐하길 원한단다.

모든 인생의 여정에서 그랬던 것처럼,
이 일도 또한 너의 힘이 아닌 나를 의지해주겠니?

내가 바라는 건, 그 일의 성취가 아닌
너와의 동행, 너의 존재 그 자체니까.

두려워하지 말라 내가 너와 함께 함이라
놀라지 말라 나는 네 하나님이 됨이라
내가 너를 굳세게 하리라 참으로 너를 도와 주리라
참으로 나의 의로운 오른손으로 너를 붙들리라
(이사야 41:10)

실수하는 제 모습이 너무 미워요

하나님,
오늘도 직장에서 업무를 처리하다 실수를 했어요.

제가 맡은 모든 일을 집중해서 완벽하게 처리하고 싶은데,
항상 저도 모르게 실수하게 되네요.
저의 이런 부족함이 너무 실망스러워요.

함께 하는 동료들에게도 능력 있는 사람이 되고 싶은데,
제 실수를 대신 처리해 줬다는 말을 들을 때면,
너무 부끄럽고 미안해서 어디로든 숨고만 싶어요.

하나님의 귀한 자녀인 저를
저 스스로 가장 사랑해 줘야 하는데,
이런 부족한 모습을 마주할 때마다
도저히 사랑하지 못하겠다는 마음만 들어요.

연약한 제 마음도 하나님 앞에 가지고 나아옵니다.
하나님의 시선으로 저를 바라볼 수 있게 인도해 주세요.

사랑하는 내 자녀야,
오늘도 직장에서 나의 자녀로 살아내주니 기쁘구나.

네가 있는 자리에서 최선을 다해
맡은 일을 해내려고 노력하는 모습이 너무나 사랑스럽구나.
그런데 직장에서 계속 발생하는 실수들 때문에
스스로를 자책하고 있구나.

인간은 누구나 완벽하지 않단다.
그러니 모든 일을 완벽하게 처리하는 것은
누구에게나 불가능한 일일 수 있어.
하지만 생각해 보렴.
네가 그 직장에 처음 들어갔을 때 했던 실수들을 기억하니?

아마 수없이 많았을 거야.
하지만 그중 많은 것을 지금은 잘 해내고 있지?

너는 잘 성장하고 있단다.
처음보다 더 많은 일을 해내고 있고,
이전에 했던 실수들도 이제는 극복하고 있으니 말이야.

그리고 여전히 실수하는 일들이 있겠지만,
그 실수들도 시간이 지나면 점차 사라지게 될 거야.

너의 시선이 스스로를 향한 자책이 아니라,
그 실수들도 성장을 위한 발판이 되었다는
소망으로 향하길 바란단다.
지금도 열심히 성장하며 나아가는
스스로를 더 사랑해 주길 바라.

지금처럼 나와 함께 그 길을 힘차게 걸어가 보자.
너의 앞에는 승리가 기다리고 있단다.

눈물을 흘리며 씨를 뿌리는 자는 기쁨으로 거두리로다
(시편 126:5)

제 마음속에 분노가 가득해요

하나님,
요즘 시도 때도 없이
분노의 감정이 제 마음을 가득 채워요.

일이 조금 틀어지거나,
친구의 작은 행동이 저의 기분을 상하게 하면,
곧바로 제 입에서 불평의 말들이 나와요.

계속 말씀을 묵상하며
주님의 성품을 닮아가려 노력하지만,
막상 불편한 상황을 마주하게 되면 의지는 사라지고
부정적인 생각과 행동만 남게 돼요.

왜 이런 일이 계속해서 반복되는 걸까요?
불평과 분노가 아닌, 참을성과 인내가
제 마음을 가득 채우도록 이끌어주세요.

사랑하는 내 자녀야,
네 마음 안에 분노가 계속 생겨나는구나.

네가 계획한 것들이 그대로 되지 않을 때,
친구의 작은 행동이 네 기분을 건드릴 때,
혹은 생각하지 못한 일들이 벌어졌을 때,
외에도 수많은 상황에서 네 마음은
금방 분노로 가득해질 거란다.
나는 너의 이런 연약함을 이미 다 알고 있단다.

그런데 네가 분노를 느끼는 그 영역들은,
결국 네가 더 다듬어지고 성장할 수 있는 영역이라는걸
알고 있니?

네가 어떤 상황에서 그런 감정을 느끼는지
다시 한번 차근차근 돌아보지 않을래?
그리고 그 감정을 느끼는 이유를 네 삶에서 찾아보렴.

네가 무엇을 어려워하고 괴로워하는지,
어떤 행동이 너에게 상처가 되고,

왜 너는 그것에 예민하게 반응하게 되었는지.

이렇게 분노의 끝을 따라가는 그 과정에서
너는 오히려 네 연약함을 발견하고
너 자신을 더욱 알아가게 될 것이란다.

네 연약함을 직면하고 다듬어 가는
성장과 단련의 여정은 쉽지 않단다.
분노 안에서 너 자신을 돌아보는 것은 매우 어려운 일이지.

하지만 지금 네가 어려움 속에서 나를 바라본 것처럼,
그 모든 여정을 내 앞에 솔직하게 말하고,
나의 지혜와 인내를 구한다면 너는 분명 승리할 것이란다.
나는 이미 네 승리를 보고 있어.

네 마음속 분노의 감정이 불평의 말로 나오기 시작하면,
네 마음은 나의 임재를 온전히 경험할 수 없단다.
그리고 이것은 곧 마귀에게 틈을 주는 것이야.

그러니 네 속에 생겨나는 분노와 불평의 감정을
내게 다 내려놓고,
오히려 그것들을 너를 연단하는 재료로 사용해 보렴.

부정적인 감정이 너를 삼키는 것을 절대 용납하지 말렴.
이 모든 여정은 결코 네가 혼자 걷는 여정이 아니며,
나는 언제나 네 옆에서 널 응원하고 있단다.

오늘 하루도 어제보다 한 단계 더
성장한 네가 참으로 기특하구나.
사랑한다, 내 자녀야.

분을 내어도 죄를 짓지 말며
해가 지도록 분을 품지 말고 마귀에게 틈을 주지 말라
(에베소서 4:26-27)

직접 쓰는 나의 기도

(위로)

Chapter 2

네 삶의 결말은
언제나 승리란다

격려

복음대로 살지 못하는 나, 이대로 괜찮나요?

하나님,
말씀을 읽고 기도할 때는
하나님 뜻에 따라 멋지게 살아가겠다고 다짐하는데,
정작 제 일상에서는 복음대로 살지 못하는
저를 직면하게 되어요.

예수님처럼 다른 사람을 사랑하겠다고 다짐했지만,
제 생각과 다르게 행동하는 사람을 보게 될 때
사랑보다 분노의 감정이 먼저 나타나요.

예수님처럼 다른 사람을 먼저 섬기겠다고 결단했지만,
현실에서는 제가 더 대우받고 싶고
남들에게 섬김 받고 싶다는 마음만 들어요.

하나님 안에서 멋진 제자답게 살아가고 싶은데,
실제로 그렇지 못한 제 모습을 마주할 때마다
스스로가 너무 부끄럽고 자책만 하게 되어요.

복음대로 살아가는 삶을 살고 싶어요.

복음이 제 삶을 통해 나타났으면 좋겠어요.

사랑하는 내 자녀야,
현실에서 복음대로 살아내지 못하는
네 모습을 보며 좌절하고 있구나.

그런데 이미 너는 모든 율법으로부터
자유하다는 것을 알고 있니?
이미 너는 모든 죄의 굴레에서 벗어났단다.
나의 독생자로 말미암아 다시 태어났기 때문이지.

삶에서 복음으로 살아내는 것이나
나의 사랑을 전하며 살아가는 것은
물론 너무나 귀한 일이란다.

하지만, 그렇지 못했을 때 절망하고 괴로워하며
스스로를 사랑하지 못하는 것은
내가 바라는 모습이 아니란다.

내가 네게 준 율법들은
너의 연약함을 스스로 깨닫고
나를 더욱 의지하게 하기 위함이야.

나로부터의 구원 말고 다른 것은 없다는 것을
네가 스스로 알게 하기 위함이야.
결국 너를 사랑하기 때문에,
너와 깊은 사랑을 누리고 싶어 너에게 준 것이란다.

직장, 학교, 가정, 관계에서
여전히 부족하고 연약하며,
네 욕심을 먼저 내세우고 사랑이 부족할 때도 있지만,
그럼에도 그 안에서 나를 붙들고
나를 바라보길 바라고 있단다.

네가 집중해야 할 것은
계속해서 무너지는 너의 모습이 아니라,
오직 나로 인해 완전해질 수 있는
나의 자녀로서 네 모습이란다.

이리와, 내 사랑아.
부족한 네 모든 걸 내가 품어줄게.
너는 나의 가장 사랑하는 자녀니까.

그러므로 율법의 행위로
그의 앞에 의롭다 하심을 얻을 육체가 없나니
율법으로는 죄를 깨달음이니라 이제는 율법 외에
하나님의 한 의가 나타났으니
율법과 선지자들에게 증거를 받은 것이라
곧 예수 그리스도를 믿음으로 말미암아
모든 믿는 자에게 미치는 하나님의 의니 차별이 없느니라
(로마서 3:20-22)

꼭 뜨거운 신앙생활을 해야 하는 걸까요?

하나님,
요즘 저는 영적으로 많이 침체되어 있는 것 같아요.

이전에 제 모습을 되돌아보면,
많은 훈련들 속에서 하나님과 뜨겁게 교제하고 동행하며
잘 성장했던 것 같은데,
요즘에는 너무 잔잔한 신앙생활을 하는 것 같아요.

감정적으로 크게 움직이는 것들이 없으니,
'내가 미지근한 신앙생활을 하고 있는 것은 아닐까?'
하고 걱정되어요.

그런데 또 동시에,
'꼭 뜨거운 집회나 수련회같이
특별한 경험을 할 때만
하나님과 깊이 교제하는 것일까?'
하는 궁금증도 생겨요.

하나님이 보시기에 지금 제 모습은 어떤가요?

사랑하는 내 자녀야,
영적으로 침체되어 있는 것 같다고 느끼고 있구나.

너에게 해주고 싶은 말이 두 가지 있단다.
첫 번째로는, 나와 함께 걷는 이 길은
너의 감정에 좌우되지 않는다는 말이야.

네 말대로 뜨거운 예배의 자리처럼,
나를 강렬하게 만날 수 있는 곳이 있어.
그런 곳에서는 네 감정도 더욱 풍부해지지.

하지만, 반드시 그렇게 벅찬 감정을 가질 때만
나와 깊은 교제를 할 수 있는 것은 아니란다.

네가 출근길에 찬양을 들으며 나를 생각하는 것도,
길을 걸으며 나에게 잔잔한 기도를 하는 것도,
그 모든 순간 속에서 너는 나의 임재를 깊이 누릴 수 있단다.

네 벅찬 감정과 상관없이,
나는 언제나 너와 함께하기 때문이지.

두 번째로 하고 싶은 말은,
나와의 꾸준한 교제가 중요하다는 말이야.

네가 영적인 침체를 느낄 때,
단순히 감정이 잔잔하기 때문에 그런 마음이 드는 것인지
실제로 나와의 교제가 부족하기 때문인지
잘 살펴볼 필요가 있단다.

그런 의미에서,
네가 나에게 솔직한 너의 마음을 이렇게 말해주는 것도
나에게는 너무나 귀한 교제의 시간이란다.
네 시선이 나를 바라보고 있기 때문이지.

졸업하고 직장에 다니는 잔잔한 일상들 속에서
네 신앙까지 잔잔해지지는 않았는지
걱정하는 네 모습이 나에게는 그저 귀하단다.

지금처럼만 너의 마음을 솔직하게 나에게 표현하고
너의 일상에서 나와 동행한다면,
너는 이미 충분히 나와 깊은 교제를 나누는 거란다.

그러니 특별한 감정이 없더라도,
불안해하지 않아도 된단다.

네가 나를 바라보기만 한다면,
그 시간이 곧 나와의 가장 깊은 교제의 시간이니까.

볼지어다 내가 문 밖에 서서 두드리노니
누구든지 내 음성을 듣고 문을 열면
내가 그에게로 들어가 그와 더불어 먹고
그는 나와 더불어 먹으리라
(요한계시록 3:20)

진지하게 퇴사를 고민하고 있어요

하나님,
요즘 유독 퇴사에 대한 마음이 자주 들어요.

하나님의 비전을 품고 이곳에 왔지만,
정작 일을 하면서 기쁘지가 않아요.
이곳에서 제가 어떻게 하나님의 자녀로서 살아가야 할지,
또 어떻게 선한 영향력을 흘려보내야 할지 잘 모르겠어요.

이곳에서의 삶이 사명과 관련 없다는 생각이 드니,
힘든 곳에서 굳이 버텨야 하는지 의문이 생기고,
하루하루 버티기가 너무 힘들어지고 있어요.

퇴사를 결정하기 위해 열심히 기도하면서
하나님의 마음을 구하고 있지만,
뚜렷한 응답이 있는 것 같지도 않아요.

무작정 버티기에는 이미 마음이 너무 지쳐버렸는데,
절 향한 하나님의 계획이 무엇인지 알고 싶어요.
저를 왜 이곳으로 부르셨나요?

사랑하는 내 자녀야,
인생의 갈림길 앞에서 어느 길을 선택해야 할지
고민하고 있구나.

기도해도 뚜렷한 응답이 없는 것 같고,
눈앞에 가야 할 길이 분명하게 보이지 않아서,
혼란스러움이 네 마음을 가득 채우고 있구나.

그런데 말이야.
지금 네가 있는 그 자리는 우연히 가게 된 곳이 아니란다.
내가 너를 지명하여 부르고 세운 자리야.

네 시선에는 그곳에서의 삶이 네 사명과 관계없어 보이고
시간이 의미 없이 흘러가는 것처럼 느껴질 수 있지만,
모든 날을 통해 너에게 필요한 것들이 채워지고 있고
그 연단의 시간을 통해 너는 준비되어 가고 있단다.

나는 지금도 계속해서 너의 삶을
가장 선한 길로 이끌기 위해 일하고 있단다.

나의 때가 되었을 때,
너는 나의 뜻을 깨달을 수 있을 거란다.
너보다 너를 더 잘 아는 내가,
널 위한 가장 최고의 길을 만들어 놓았단다.

눈에 보이는 상황은
모든 것이 멈춰있는 것 같을지라도,
여전히 일하고 있는 나를 바라봐 주겠니?

계속해서 혼란스러움이 찾아와도
그런 것들에 흔들리지 말고,
언제나 한결같이 너를 위해 일하며
너를 사랑하는 나와 함께 가자.

나의 사명은
'너에게 평안을 주는 것'이란다.

그만큼 나는 너를 언제나 바라보고 있고,
널 위해 나의 모든 것을 내어줄 만큼
너를 아주 많이 사랑해.

가장 최고의 때에,
가장 최고의 선물을 줄게.

나를 믿고, 그 길을 걸어가 주렴.

이 하나님은 영원히 우리 하나님이시니
그가 우리를 죽을 때까지 인도하시리로다
(시편 48:14)

예배만 잘 드리면 됐지, 성경을 꼭 읽어야 하나요?

하나님,
사실 저는 성경을 왜 읽어야 하는지 잘 모르겠어요.

교회에서는 꼭 시간을 따로 내서
말씀을 읽어야 한다고 말하지만,
사실 분주한 일상 속에서 시간을 따로 내어
가만히 앉아 말씀을 읽는 게 너무 어려워요.

아무리 결단해도,
며칠 지나면 그 의지가 사라져서 흐지부지되어버려요.

말씀을 꼭 읽어야 하는 이유에 대한
스스로의 확신이 없어서
의지가 더 안 생기는 것 같아요.

그냥 지금처럼 교회 열심히 다니고, 예배 잘 드리고,
하나님을 바라보면서 착하게 살면 안 되는 걸까요?

말씀을 꼭 읽어야 할까요?

사랑하는 내 자녀야,
네 고민을 솔직하게 말해줘서 고마워.

분주한 일상에서
잠잠히 나를 바라보는 일이
얼마나 쉽지 않은 일인지, 나도 잘 알고 있단다.

그런데 말씀을 읽는 것은
네 삶에서 그 어떤 것에도 밀릴 수 없는
아주 중요한 일이란다.

우리가 길을 찾을 때 지도를 보고
새로운 물건을 사용할 때 설명서를 보는 것처럼,
말씀은 네가 삶을 어떻게 살아가야 할지
알려주는 지도이고
동시에 나와 깊은 교제를 나누는 가장 좋은 통로란다.

말씀을 통해 너를 향한 나의 계획을 알 수 있고,
네 시선으로는 아무것도 보이지 않는 현실 속에서
내가 얼마나 멋지게 네 삶을 이끌어가고 있는지,

생생하게 볼 수 있단다.

또한 말씀을 통해
너는 나의 깊은 사랑을 누릴 수 있단다.
내가 너를 얼마나 사랑하는지,
널 향한 내 사랑이 얼마나 깊은지를
생생하게 경험할 수 있어.

세상은 계속해서
너를 분주한 일상과 몰아치는 업무에 집중하게 할 거야.
바쁜 삶은 너와 나 사이를 갈라놓는
가장 쉽고도 좋은 장애물이기 때문이야.

하지만 너는 반드시
그 분주함에서 눈을 돌려 나를 바라보아야 한단다.
그래야 비로소 네가 나와 동행하는
진짜 삶을 살아가게 되기 때문이란다.

거짓으로 가득한 세상으로부터 눈을 돌려,
말씀을 읽어주겠니?

내가 너를 위해 적은 내 사랑의 편지를.

모든 성경은 하나님의 감동으로 된 것으로
교훈과 책망과 바르게 함과 의로 교육하기에 유익하니
이는 하나님의 사람으로 온전하게 하며
모든 선한 일을 행할 능력을 갖추게 하려 함이라
(디모데후서 3:16-17)

사소한 것에 자꾸 불평하게 돼요

하나님,
유독 요즘 부쩍 제 입에서 불평의 말이 자주 나와요.

직장에서, 가정에서, 또 공동체 안에서
쉴 틈 없이 분주한 일상을 살아가다 보니,
제 마음에 여유가 없어지고
사소한 것들에도 예민하게 반응하게 되는 것 같아요.

입 밖으로 내뱉는 말에는
주변을 변화시키는 힘이 있다고 하는데,
계속해서 부정적인 말들만 하고 있는 저를 보며
너무 부끄러웠어요.

제 안에 온유한 성품이 자리 잡길 기도합니다.
감정대로 말하지 않고,
하나님의 선하심을 따라 말할 수 있도록 붙들어주세요.

사랑하는 내 자녀야,
네 입에서 나오는 불평의 말들을 돌아보며
다시금 내게로 나아오고 있구나.

세상을 살아가다 보면,
네가 생각하고 원하는 대로
모든 것이 이루어지지는 않을 거야.

또 모든 사람이 너에게 맞춰서
행동하지도 않을 테고 말이야.
그렇게 원하지 않은 상황을 마주했을 때,
네가 감정대로 행동하고
표출하는 것은 아주 쉬운 선택이란다.

사탄은 네게 그런 행동이
합당하다는 마음이 들게 할 것이고,
세상은 계속해서 말할 거야.
네 감정대로 표현하라고, 네가 가장 소중하다고.

하지만 세상의 그런 속임에 넘어가지 않기를 바란단다.

불평과 미움이 네 마음을
사로잡으려 하는 상황 속에서
네 시선을 너의 감정이 아닌 나로 향한다면,
너의 마음에는 회복이 임할 것이란다.

상한 마음 가운데 나의 사랑이 들어가고,
분노의 감정들은 서서히 사라질 거야.

나는 사랑이기 때문에,
나를 바라보는 것만으로도
네 마음은 사랑의 열매들을 맺을 거란다.

물론 그 과정이 쉽지는 않을 거야.
죄가 이끄는 대로 행동하는 것을 참는 것은,
네 본성을 거스르는 일이니까.

하지만 네가 의지를 가지고
나를 바라보겠다 다짐한다면,
분명 너의 마음은 서서히 변화될 거란다.

지금 네가 나에게 너의 마음을 나누고 있다는 것만으로도,
이미 네 안에 변화가 시작되고 있다는 걸 의미해.

이제 부정적인 말들이 입 밖으로 나오려고 할 때,
나의 사랑이 네 불평의 언어들을 변화시키도록
네 마음의 문을 열어주겠니?

세상에 없는 감사와 기쁨의 열매들을
네 마음 가득히 채워줄게.

근신하라 깨어라
너희 대적 마귀가 우는 사자 같이 두루 다니며
삼킬 자를 찾나니 너희는 믿음을 굳게 하여 저를 대적하라
이는 세상에 있는 너희 형제들도
동일한 고난을 당하는 줄을 앎이니라
(베드로전서 5:8-9)

비전을 이뤄가는 과정이 지치고 즐겁지가 않아요

하나님,
오늘도 취업 준비를 열심히 하며 하루를 보냈어요.

사실 하나님 안에서 비전을 바라보며,
이 시간을 보내고 있기는 하지만,
눈앞에 놓인 하루하루를 살아내는 것이
여전히 벅차고 힘들어요.

과연 이 여정에 끝이 있을지,
하나님의 비전을 이루는 날이 올지,
이런 걱정들이 머릿속을 가득 채우며
스스로에 대한 회의감에 빠지기도 해요.

하나님,
이 여정도 하나님의 선하신 이끄심 안에 있는 게 맞겠죠?

저의 시선에서는 아무것도 보이지 않지만,
신실하신 하나님을 바라보며 오늘도 나아갑니다.

사랑하는 내 자녀야,

꿈을 향해 계속해서 나아가는
네 모습을 보고 있으면 나는 정말 기쁘단다.

그 길을 걸어가는 네가,
비록 힘들지만 무너져도
다시 일어나 나아가는 네 모습이
내 눈에 너무나 아름답구나.

그 여정이 항상 행복하지만은 않았을 거야.
너는 분명 최선을 다했지만
원하는 결과가 나오지 않았을 때,
또 반복되는 실패를 마주했을 때,
참 많이 속상했지?

그런데 그거 아니?
너의 그 모든 여정은 내가 이미 다 준비해 놓은 것이란다.
너의 어떠함과 상관없이,
너를 위한 가장 선한 계획을 내가 이미 준비해 놓았어.

그러니 지금처럼만 나와 함께 그 길을 걸어가 주겠니?

네가 흘린 눈물과 땀방울,
아무도 모를 그 모든 시간을
나는 다 알고 있단다.

네가 그 길을 다 걸어갈 때까지
나는 널 절대 놓지 않고,
너와 함께 걸을 거야.

네가 지쳐 있을 때는 너에게 힘을 주고,
네가 넘어질 때면 너를 일으키고,
너에게 더 이상 더 나아갈 힘조차 없을 때는
내가 널 업고 그 길을 함께 걸어갈게.

그러니 지금처럼만 나를 의지하며
그 길을 계속 걸어가 주겠니?

내가 널 위해 예비한
그 놀라운 일을 나와 함께 기뻐하자.

너의 마지막은 언제나 나의 찬란한 축복으로 가득할 거야.

너희 안에서 행하시는 이는 하나님이시니
자기의 기쁘신 뜻을 위하여
너희에게 소원을 두고 행하게 하시나니
(빌립보서 2:13)

미래를 생각하면 두려움이 밀려와요

하나님,
저는 미래를 생각하면 이유 모를 두려움이 몰려와요.
내 집을 잘 마련할 수 있을까?
안정적인 직장을 가질 수 있을까?
평생을 함께할 배우자를 만날 수 있을까?
이런 많은 고민이 머릿속을 가득 채워요.

미래를 기대하며 소망하고 싶은데
현실적인 생각들이 쌓이면서,
미래의 행복을 위해 지금부터 스스로를 채찍질하며
달려가야 하나 싶은 생각이 들어요.

모두가 행복을 위해 그렇게 살고 있으니,
저도 세상의 물결에 휩쓸리게 되는 것 같아요.
세상을 바라보지 말고, 하나님을 바라보려고 하지만
실제로 그렇게 살아내는 것이 참 어려워요.

이런 저의 불안함을 어떻게 내려놓아야 할까요?

사랑하는 내 자녀야,
미래를 생각하며 불안해하고 있구나.
아직 오지 않은 일들을 걱정하느라
지금 이 순간조차 기쁨으로 받아들이지 못하는
네 모습을 보며 내 마음도 참 아프단다.

하지만 너의 미래는 너 혼자 걸어가는 길이 아니라,
언제나 나와 함께 하는 길이란다.

나는 이 세상을 창조하기 전부터,
그리고 이 우주를 만들기 전부터,
너를 생각했고 너의 삶을 계획해 놓았단다.

지금은 미래가 막막해 보일지 몰라도,
너는 내 계획 안에서 너무나 잘 걸어가고 있단다.
내가 예비한 길을 따라 차근차근 잘 가고 있어.

너는 미래를 알 수 없어 불안하겠지만,
나는 매 순간 너를 위해 모든 것을 준비하고 있단다.
그런 내가 네 곁에서 함께 걷고 있으니, 걱정하지말렴.

내가 그저 원하는 건,
네가 나와 함께 걷는 인생의 모든 순간에서
나로 인해 기뻐하고, 참된 행복을 누리는 것이란다.

어떤 큰 성취를 이루지 않아도,
세상에서 유명해지지 않아도,
많은 재물을 쌓지 않아도 괜찮단다.
그저 나와 동행하는 삶이 너에게 기쁨이 되었으면 좋겠어.

그게 내가 너를 창조한 이유란다.
나와 함께 행복을 누리는 삶.

오늘 하루도 너와 함께
그 길을 걸어갈 수 있어, 나는 정말 행복했단다.
너도 그 행복을 온전히 누리길 바라.
사랑하는 내 딸아, 언제나 응원한다.

우리는 그가 만드신 바라
그리스도 예수 안에서 선한 일을 위하여 지으심을 받은 자니
이 일은 하나님이 전에 예비하사
우리로 그 가운데서 행하게 하려 하심이니라
(에베소서 2:10)

하나님, 진짜 일하고 계신 거 맞아요?

하나님,
요즘 뉴스를 보면 정말 많은 일들이 일어나고 있어요.

전 세계 각지에서 전쟁이 벌어지고 있고,
수많은 사고로 사람들이 죽어가고 있어요.
또한 정치적, 문화적 대립 등으로 인해
계속해서 여러 갈등이 일어나고 있어요.

도저히 회복될 것 같지 않은
이런 참혹한 상황 속에서,
할 수 있는 것은 기도밖에 없어요.

이 땅이, 세계가 이렇게 될 때까지
더 기도하지 못했던 저의 죄를 회개해요.

그런데요, 하나님!
이 암담한 현실 속에서도
하나님은 여전히 일하고 계시죠?

사랑하는 내 자녀야,
매일같이 믿을 수 없는 일들이 일어나는
이 세상의 모습이 너무나 안타깝지?

각자의 욕심을 우선하게 되고,
상대방을 사랑하기보다는 배척하며 비난하고,
이제는 무엇이 선이고 악인지조차 경계가 흐릿해져 버린
세상을 바라보며 나도 너무나 애통하단다.

그런데 동시에 이렇게 척박해져 버린 이 세상을 위해,
모든 것이 어그러져 버린 것 같은 이 땅을 위해,
눈물로 기도하는 나의 사랑하는 자녀들의 모습을 보며
나는 말로 다할 수 없이 기쁘단다.

내가 너희에게 가르쳐 준 그 사랑을 삶에서 실천하고
이 세상을 회복시키기 위해,
기도하는 너희의 모습이 얼마나 아름다운지….

안타깝게도 이 세상은 계속해서 악해져 갈 거란다.
사람들은 본능대로 넓고 쉬운 길을 택할 것이고,

계속해서 내가 아닌 악을 향해 달려갈 것이란다.

하지만, 나는 승리했단다.
이미 모든 승리가 나에게 있어.

눈앞에 있는 현실의 문제들이
도저히 끝날 것 같지 않겠지만,
너의 시선 너머에서 언제나
일하고 있는 나를 바라봐 주렴.

나는 내가 사랑하는 이 세상을 위해,
이 땅을 위해, 교회를 위해, 너를 위해 여전히 일하고 있단다.

지금처럼 나와 함께 나아가주겠니?
앞으로도 네 기도의 손을 들어주겠니?

모세가 손을 들면 이스라엘이 이기고
손을 내리면 아말렉이 이기더니 모세의 팔이 피곤하매
그들이 돌을 가져다가 모세의 아래에 놓아
그로 그 위에 앉게 하고 아론과 훌이 하나는 이편에서,
하나는 저편에서 모세의 손을 붙들어 올렸더니
그 손이 해가 지도록 내려오지 아니한지라
(출애굽기 17:11-12)

새로운 도전을 하는 것이 두려워요

하나님,
이번에 직장에서 새로운 프로젝트 제안이 들어왔어요.
그런데 고민하기도 전부터
제 안에 두려움이 가득 차는 걸 느꼈어요.

저는 새로운 걸 도전할 때마다 큰 두려움을 느껴요.
무언가 익숙하지 않은 걸
해야 할 때마다 회피하고만 싶고,
그냥 그동안 해오던 일들만 편하게 하고 싶어요.

머리로는 새로운 경험 안에서 성장하고
배우게 될 것들이 많을 거라는 건 알지만,
그냥 지금 이대로 마음 편하게 있고 싶다는
생각이 더 큰 것 같아요.

계속해서 도전을 회피하기만 하면,
성장 없이 이 상태 그대로 머물게 될까 봐 걱정되지만,
막상 무언가를 도전하기에 너무 주저하게 돼요.
저, 어떻게 해야 할까요?

사랑하는 내 자녀야,
도전하기를 두려워하고 있구나.
너의 그 두려움들이
어디서부터 비롯된 것 같니?

두려움의 원인은
현재의 편안함만을 추구하는 마음일 수도 있고,
과거의 실패로 인한 상처일 수도 있고,
모든 것을 혼자 감당해야 될 것 같은 불안일 수도 있단다.

이 시간, 먼저 너의 마음을 나와 함께 돌아보자.
새로운 도전을 두려워하는 마음의 뿌리를 찾아내어
내 앞에 내려놓아보렴.

나는 너에게 보여주고 싶은 것이 참 많단다.
내가 세상을 창조할 때, 얼마나 좋았는지 아니?

그 창조의 기쁨과 성취의 기쁨, 도전의 기쁨을
너도 함께 누렸으면 좋겠구나.

물론 실패도 있을 거야.
하지만 그 실패가 결코 상처만 남기는 것은 아니란다.
실패를 통해 너는 분명 성장하게 되고,
실패는 너를 더욱 풍성한 사람으로 만들어줄 것이란다.

단 하나의 실패도, 끝내 실패로 남는 것은 없단다.
모든 것은 다 승리의 발판으로 남게 되어 있어.

내가 널 위해 준비해 놓은 멋진 역사가 널 기다리고 있어.
네가 더욱 많은 것들을 경험하며
나의 선물을 함께 누리면 좋겠어.

이제, 네 앞에 다가온 그 도전을 붙잡아 보지 않을래?
네가 나와 함께 한 걸음을 내디딘다면,
너는 나의 경이로운 역사를 함께 경험하게 될 거야.

이미 모든 것은 준비되어 있단다.
네 발을 내디뎌주렴.

오직 여호와를 앙망하는 자는 새 힘을 얻으리니
독수리가 날개치며 올라감 같을 것이요
달음박질하여도 곤비하지 아니하겠고
걸어가도 피곤하지 아니하리로다
(이사야 40:31)

열심히 살고 있지만, 잘 살고 있는지는 모르겠어요

하나님,
오늘은 길을 걷다가
하루하루 분주하게 살아가는
저의 삶을 돌아봤어요.

직장이나 가정에서,
교회와 공동체에서 하나님이 맡겨주신 일들을
정말 쉴 틈 없이 해내고 있는 저의 모습이
뿌듯하기도 하고, 감사하기도 했어요.

그런데 사실, 제 안에 진짜 기쁨이 있는지는 잘 모르겠어요.
하나님을 섬기는 일들이니, 제 마음도 기뻐야 하는데,
가끔은 빠른 일 처리만을 위해 정신없이 달려가는
제 모습을 직면할 때가 있어요.

그럴 때면 '내가 잘하고 있는 게 맞을까?'
하는 의문이 들어요.

저의 분주함을 내려놓고 하나님을 바라보고 싶은데,

그게 마음처럼 잘 안되네요.
이런 분주한 상황 속에서 저는 어떤 마음을 품어야 할까요?

사랑하는 내 자녀야,
온 세상을 다 준다 해도 바꾸지 않을 내 사랑아.
요즘 분주한 삶을 살아가고 있구나.

내가 너에게 맡긴 일들을
최선으로 해내는 너를 보면 참 기특해.
너의 시간을 들이고, 정성을 들여
그 길을 걸어가려는 모습이
정말이지 너무나 아름답단다.

그런데 가끔,
네가 나보다도 사명들을 우선하는 모습을 볼 때면,
내 마음이 너무나 아프단다.

지금 너의 우선순위가 나를 향해 있니?
아니면 내가 너에게 맡긴 그 사명만을 향하고 있니?

내가 너에게 맡긴 일들의 목적은
결국 네가 나와 더 가까워지고,
나의 사랑을 경험하고 또 흘려보내는 거란다.

그런데 내가 아닌, 너 자신의 힘을 의지하며
그 모든 것을 아슬아슬하게 감당하고 있는 모습을 볼 때면
내 마음은 참 아프단다.

내가 바라는 것은,
네가 그 사명들을 잘 이뤄내고
멋진 성취를 해내는 것보다도,
네가 그 길을 나와 동행하며 기쁨을 누리고
나로부터 받은 그 풍성함을 자연스럽게
주변에 흘려보내는 거란다.

이제 너의 힘을 빼고, 나를 돌아보아 주겠니?
나는 언제나 그랬듯 너와 함께 걷고 있단다.
네가 나를 느끼지 못하는 순간에도
나는 변치 않고 네 옆에 항상 함께하고 있어.
네가 나만 바라본다면 나와 함께 할 수 있단다.

내 사랑아,
이리 와 나와 함께 걷자.

내 안에 거하라 나도 너희 안에 거하리라
가지가 포도나무에 붙어 있지 아니하면
스스로 열매를 맺을 수 없음 같이
너희도 내 안에 있지 아니하면 그러하리라
(요한복음 15:4)

반복해서 죄를 짓는 제가 싫어요

하나님, 제 삶의 많은 영역에서
계속해서 반복되는 죄가 참 많아요.

다른 사람을 사랑하지 못하는 죄,
돈과 명예 등 세상의 가치에 흔들리는 죄,
하나님의 일하심을 바라보지 못하고
나의 좁은 시선으로 미래를 바라보게 되는 죄 등.

하나님 앞에 회개하며 나아가지만
어느새 또 같은 죄를 반복해서 짓는 저를 보게 되어요.
이런 저를 보시는 하나님의 마음은 얼마나 아플까요?

계속해서 죄에 빠지는 연약한 모습에도 불구하고,
저를 사랑하셔서 이 땅에 독생자 예수를
보내주신 하나님, 감사합니다.

이제는 제가 하나님을 바라보며,
제 안에 많은 죄들을 끊어내기를 원합니다.

사랑하는 내 자녀야,
반복해서 너를 옭아매는 죄로 인해 괴로워하고 있구나.

이 세상은 죄로 가득 차 있단다.
내가 세상을 처음 지을 때의 선한 모습과는
많이 달라져 버렸지.

그 모든 죄 때문에 내가
사랑하는 내 독생자 아들을 보낸 것이란다.

하지만 이 땅에 남아있는 동안,
너는 계속해서 죄와 싸우게 될 거란다.
이미 이 세상을 사로잡아버린 죄의 굴레 가운데서
계속해서 전쟁을 치르게 될 거야.
그리고 너의 본성은 계속해서 너를 죄로 이끌 거란다.

그런데 지금처럼 네가 나를 바라보고,
나에게 네 모든 죄를 회개하며 내려놓는다면
나는 너의 죄를 몇 번이고 다시금 깨끗하게 씻어줄 거란다.

다만 네가 죄에 대한 경계심을
계속해서 가지고 있길 바란단다.
죄 앞에 무릎 꿇고 그것을 수용해 버리는 것과,
계속해서 무너지더라도 그 죄와 맞서 싸우며
발버둥 치는 것은 다르기 때문이지.

연약한 인간이기에 몇 번이고 무너질 수 있지만,
끊임없이 그때마다 나를 찾아주고,
너와 나 사이를 멀어지게 하는
모든 죄를 내 앞에 내려놓아주렴.

네 일상의 순간마다 나의 임재를 깊이 누린다면,
사탄은 너를 건드리지 못할 것이란다.

오늘처럼 너의 연약한 모습 그대로 나에게 나아와주렴.
나는 언제나 너를 용서하고 품어줄 거란다.
그게 널 향한 내 사랑이니까.

하나님의 뜻대로 하는 근심은
후회할 것이 없는 구원에 이르게 하는 회개를 이루는 것이요
세상 근심은 사망을 이루는 것이니라
(고린도후서 7:10)

불안과 걱정 속에서 빠져나오고 싶어요

하나님,
요즘 청년들을 보면
정말 많은 불안과 걱정 속에서 살고 있는 것 같아요.

이성 교제 안에서의 불안, 미래에 대한 걱정,
자기 삶에 대한 불확실성 등
다양한 삶의 영역들 속에서 참 어렵게 살아가고 있어요.

저도 하나님을 바라보며 매 순간 감사와 기쁨으로
주어진 하루하루를 살아가고 싶지만,
이 세상의 분위기에 휩쓸려
마음속에 불안을 품게 될 때가 참 많아요.

이러한 모든 염려를 주님 앞에 내려놓고 싶어요.
그리고 주변의 친구들에게 하나님으로부터 오는
평안을 전해주는 사람이 되고 싶어요.

사랑하는 내 자녀야,
요즘 세상이 불안으로 가득 차 있지?

한 치 앞도 모르는 인생의 많은 상황 속에서,
어쩌면 불안과 걱정을 느끼는 건 당연한 거란다.
길을 안내해 주는 지도 없이
홀로 여행을 한다는 건 참 힘든 일이지.

하지만 나를 믿는 나의 자녀들은
불안해하지 않아도 된단다.
너의 삶의 지도가 되며, 삶의 참주인 되는
내가 있기 때문이지.

너의 삶의 모든 영역 가운데
나의 선한 계획이 미치지 않은 곳은 한 군데도 없단다.

네 미래의 직장과 가정, 건강과 재정,
그리고 너의 삶의 모든 순간은
나의 완벽한 계획에 따라 흘러갈 것이란다.

불안을 내 앞에 내려놓으렴.
세상의 흐름에 따라 네 안에 너도 모르게 쌓여버린
모든 걱정과 염려를 다 나에게 맡기렴.

나는 너의 그 모든 짐을 대신 지어줄 준비가 되어있단다.
네가 나를 바라보기만 하면,
너는 참 평안을 얻을 수 있어.

세상이 의지하는 '자신'이 아닌,
'네 삶의 참 주인'인 나를 바라봐 주렴.

아무것도 염려하지 말고
다만 모든 일에 기도와 간구로
너희 구할 것을 감사함으로 하나님께 아뢰라
(빌립보서 4:6)

(격려)

직접 쓰는 나의 기도

Chapter 3

내 머릿속은
너로 가득하단다

사랑

하나님, 저는 왜 이렇게 부족한 걸까요?

하나님,
저는 하나님 앞에서는 귀한 자녀인데,
세상에서는 그렇게 여겨지지 않는 것 같아요.

세상에서는 실력이 좋고,
능력 있는 사람을 멋진 사람이라고 해요.

그런데 저는 직장에서도
실력이 없어 항상 실수만 하고,
공동체 관계 안에서도
여전히 부족한 것 투성이에요.

이런 제 모습을 스스로 돌아볼 때마다,
자꾸만 제가 사랑받을 자격이 없는 사람이라는 생각이 들어요.

저는 왜 이렇게 부족한 걸까요?

사랑하는 내 자녀야,
너는 세상 그 무엇보다 소중한 내 사랑이란다.
네가 너 자신을 사랑하지 못하는 모습을 보니,
내 마음이 너무나 아프구나.

세상을 다 준다 해도 바꾸지 못할 네가
스스로를 사랑하지 못하는 모습을 보면
이렇게 말해주고 싶어.

너는 세상에서 가장 존귀한 자야.
세상이 너를 어떻게 보든지 관계 없이, 너는 내 것이란다.
나에겐 이 우주보다 네가 더 소중해.
네 존재 자체가 나에게 가장 큰 선물이야.

너의 실력이나 연약한 모습은
너의 가치와는 아무 상관이 없단다.

너는 존재 자체로 이미 나에게 기쁨이고 행복이야.
나는 널 위해 내 사랑하는 아들을
십자가에 못 박히도록 했단다.

그만큼 너를 사랑했기 때문이지.

그런 너를,
너 스스로 사랑하지 못하는 모습을 볼 때마다
나는 너무 안타까워.

세상의 시선이 아니라
너를 사랑하는 너의 아버지,
나의 시선으로 너를 바라봐 주겠니?

나는 매 순간, 너로 인해 기쁨을 누린단다.
네 존재 자체가 나에게는 기쁨이야.

옛적에 여호와께서 나에게 나타나사
내가 영원한 사랑으로 너를 사랑하기에 인자함으로
너를 이끌었다 하였노라
(예레미야 31:3)

죄 많은 저를 여전히 사랑하시나요?

하나님,
요즘 이상하게 제 마음속에
'하나님께서는 이렇게 죄 많은 나를
여전히 사랑하고 계실까?' 하는 생각이 종종 들어요.

계속해서 하나님이 아닌 세상의 우상을 바라보고,
하나님의 자녀답게 다른 사람을 사랑하지 못하고,
하나님께 영광 돌리지 못하는 스스로를 보며,
하나님의 사랑을 받을 자격이 없는 사람이라 생각하게 되어요.

그리고 '아무리 사랑의 하나님이라도,
이런 나의 죄를 보면 날 싫어하실 거야.'라는 생각이
계속해서 들어요.

이런 저의 부족한 모습을 보시며
하나님은 어떤 생각을 하실지 궁금해요.
하나님은 여전히 절 사랑하시나요?

사랑하는 내 자녀야,
내가 널 얼마나 사랑하는지 아니?
나는 너의 부족함과 상관없이 널 사랑한단다.

아빠인 내가 널 사랑하는데 다른 이유는 없단다.
그저 너라는 존재 자체를 사랑하는 것이란다.

네가 죄로 얼룩져 있을 때,
나와 함께 할 수 없는 그때,
나는 선택했단다.
나의 아들을 보내서라도 널 사랑하기로.

혹시 널 향한 나의 사랑을
의심하게 되는 때가 있다면,
이렇게 생각해 주렴.

너를 사랑하겠다고 결정한 나의 선택은
영원히 변치 않을 거라는 걸 말이야.
나는 너의 연약함과 상관없이,
언제나 처음의 선택 그대로 너를 사랑하고 있다는걸.

네가 죄에 빠진 모습을 보면
물론 내 마음도 아프단다.
나는 죄와 함께 할 수 없기 때문이야.

그런데 내 마음이 더 아플 때가 언제인 줄 아니?
네가 죄에 사로잡혀서 스스로 자책하며,
널 향한 나의 사랑이 변했을 거라고 생각하고
나를 바라보지 않을 때란다.

반복해서 죄를 지었더라도,
나에게 그 죄를 들고나오면 되는 거야.
내 앞에 네 모든 죄를 내려놓고 진심으로 회개하면 된단다.
널 향한 나의 사랑을 끊을 수는 없어.
이 세상 그 어느 것도.

내가 확신하노니 사망이나 생명이나
천사들이나 권세자들이나
현재 일이나 장래 일이나 능력이나
높음이나 깊음이나 다른 어떤 피조물이라도
우리를 우리 주 그리스도 예수 안에 있는
하나님의 사랑에서 끊을 수 없으리라
(로마서 8:38-39)

어떻게 해야 크리스천답게 연애하는 걸까요?

하나님,
요즘 많은 가정이 깨지고 있다는 소식을 들어요.
이혼율은 점점 높아지고 있고,
젊은 세대의 이성 교제 모습을 보면 참 안타까워요.

하나님이 계획하신 사랑의 관계가,
각자의 본성과 욕구만을 위한 관계로 변질된 모습을 보면
하나님도 많이 안타까우실 것 같아요.

주변에서 듣게 되는 이성 교제 이야기도
하나님의 사랑을 찾을 수 없는 자기중심적인 이야기들 뿐이라
'이 세대의 사랑이 너무 많이 무너져버렸구나'
하는 생각이 들어요.

저도 이 안타까운 세대를 위해 더욱 기도하면서
이들에게 하나님의 진정한 사랑을 품은
이성 교제가 무엇인지 전하고 싶어요.

하나님, 저에게 지혜를 주세요.

사랑하는 내 자녀야,
요즘 세대의 무너져버린 사랑을 보며
나도 참으로 안타깝단다.

내가 사랑의 관계 속에 예비해 놓은
많은 행복과 축복을 제대로 누리지 못하고,
자기 유익만을 위해 그 사랑의 관계를 이용하는 모습을
자주 보게 된단다.

상대방을 섬기기보다는 자기가 먼저 섬김 받고 싶어 하고,
자기의 만족이 먼저 채워진 후에야 상대방을 채우려 하지.
이미 세상에는 상대방의 행복보다는
자기의 행복을 우선시하는 왜곡된 사랑이 퍼져있단다.

당장은 행복해 보일 수 있고 만족스러워 보일 수 있지만,
결국 그 끝은 비참한 절망이란다.
그것을 알지 못하고 진정한 사랑을
누리지 못하는 이들을 바라보며 얼마나 가슴 아픈지 몰라.

사랑은,
자신의 유익이나 만족을 채우기 위한 관계가 아니란다.

사랑이란,
상대방의 행복을 위해 나의 것을 내려놓는 것.
상대방이 더 많은 것을 누릴 수 있게
내가 먼저 상대방을 섬기는 것이란다.

자기가 아닌 상대방을 채워주고자 할 때,
결국 서로가 사랑으로 채워지는 것이지.

그런데 자기의 욕심을 내려놓고,
상대방을 섬기는 것은 참 쉽지 않단다.
하지만 사랑을 연습해가는 그 과정마저,
상대방에게 나의 사랑을 전하는 과정이 될 거야.

이 세대 청년들이 사랑의 본질이 무엇인지 올바르게 깨닫고,
먼저 내 안에서의 풍성한 사랑을 경험하고,
그것을 관계 속에서 이어갈 수 있도록 기도해 주렴.

오직 나와 동행하는 사랑의 관계만이
진정한 기쁨을 누릴 수 있는 관계란다.
이는 내가 곧 사랑이기 때문이야.

그가 우리를 위하여 목숨을 버리셨으니
우리가 이로써 사랑을 알고
우리도 형제들을 위하여 목숨을 버리는 것이 마땅하니라
(요한1서 3:16)

새로운 직장에 적응하지 못해서 외로워요

하나님,
요즘 새로운 직장에서 적응하고 있는데요.
사실 이곳에서의 삶이 너무 외로워요.

제 편이 아무도 없는 것 같은 직장에서,
이 모든 적응의 시간을 저 혼자 견뎌내야 한다는 게
너무 큰 압박감으로 다가와요.

저에게 힘이 되어주는 사람들도
결국 가장 필요한 순간에는 함께할 수 없고,
혼자 이 모든 걸 해내야 한다는 생각이 들면서
출근하는 길부터 너무 부담되고 힘들어요.

어두운 출근길을 걸을 때마다,
또 회사 문을 열고 들어가면서,
매 순간 기도해요.

오늘 하루도 하나님이
저와 함께해 주시기를.

하나님, 어떻게 해야 이 힘든 시간이 지나갈까요?

사랑하는 내 자녀야,
내가 창조하고 계획한 너의 삶을
열심히 살아가는 네 모습을 보니 너무 기쁘구나.

그런데 가끔은,
너 스스로 혼자인 것만 같다고 느끼는 순간들이 있구나.

네가 직장에서 홀로 고군분투하고 있을 때,
가정에서 모든 짐을 홀로 지고 있을 때,
학교에서 홀로 힘든 싸움을 감당할 때,
너는 마치 혼자인 것처럼 느껴졌을 거야.

네가 사랑하는 사람들도
모든 순간을 너와 함께할 수는 없단다.
인생을 살다 보면,
분명 네가 홀로 걸어가야 하는 길이 나타날 거야.

아무도 없이 혼자
무거운 짐을 지고 가는 그 슬픔을
나도 잘 알고 있단다.

그런데 네가 혼자라고 느끼는 모든 순간,
아무도 너의 곁에 남아있지 않아서
너 혼자 모든 것을 감당해야 한다고 생각하는 때에도,
나는 항상 너와 함께 있었단다.

너의 가장 가까운 사람들조차
알 수 없는 그 모든 순간에
나는 항상 너를 바라보고 있었단다.
그 어떤 순간에도 너는 혼자였던 적이 없었어.

나는 너의 모든 것을 알고 있단다.
힘들지만 버티려고 하는 인내,
용서하기 싫지만 용서하려는 노력,
미워도 사랑하려 애쓰는 마음,
포기하고 싶지만 다시 도전하는 의지까지.

내 사랑아, 너는 정말 잘하고 있어.
지금처럼만 나를 바라보며,
네 힘이 아니라, 나로부터 받은 힘으로

한 걸음 한 걸음 나아가 보자.

그 끝은 실패 없는 성공일 거야.
태초부터 내가 계획해 놓은.

너희는 강하고 담대하라 두려워하지 말라
그들 앞에서 떨지 말라
이는 네 하나님 여호와 그가 너와 함께 가시며
결코 너를 떠나지 아니하시며
버리지 아니하실 것임이라 하고
(신명기 31:6)

자꾸만 다른 사람들을 비판하고 평가하게 돼요

하나님,
요즘 제 마음속에 다른 사람들을 정죄하는 마음이 가득해요.

하나님을 믿는 사람들이
다른 사람을 배려하지 않을 때나
성숙하지 못한 모습을 보일 때마다

'하나님을 믿는 사람으로서 어떻게 저런 행동을 할 수 있지?',
'나라면 저렇게 행동하지 않을 텐데'
하는 생각들이 저도 모르게 들어요.

다른 사람의 부족함을 수용하지 못하고
본능적으로 비판하고 있는 저 자신을 볼 때마다,
마음을 다잡으려 노력하지만 잘되지 않아요.

사랑이신 하나님의 마음이 제 마음을 채우길 원합니다.
다른 사람을 정죄하는 것이 아니라, 사랑하기를 원합니다.

사랑하는 내 자녀야,
상대방의 부족함을 수용하고 품어주는 것이 참 어렵지?

머리로는 사랑해야 하는 것을 알고 있지만,
그 사랑을 마음으로 받아들이고 행동으로 실천하는 것은
네 본능을 거스르는 일이라 어려운 것이 당연하단다.

그런데 내 사랑아,
다른 사람의 연약한 모습을 보고
정죄하고 싶은 마음이 들 때에는,
그 마음에 집중하기보다는 나를 먼저 바라봐 주렴.

무엇이 네 마음을 어렵게 하고,
왜 그런 불편한 감정을 느끼는지 나에게 솔직하게 나눠주렴.

네가 불편함을 느끼는 지점은
사실 너의 연약함과도 연결되어 있을 수 있단다.
너의 연약한 부분이 그 사람을 통해 드러났을 때,
너도 모르게 그 영역을 방어하려는 마음이
예민하고 불편한 반응으로 나타날 수 있단다.

그러니 어떤 상황에서든
섣부르게 상대방을 비판하기보다는
먼저 너 자신의 모습을 돌아보는
성숙한 네가 되었으면 좋겠구나.

그리고 내 안에 있는 사랑을 구해주렴.
다른 누군가를 수용하고 사랑하는 일은
네 힘으로는 온전히 해낼 수 없단다.
오직 내가 주는 사랑으로만 가능해.

너의 힘으로는 도저히 그 사람을
사랑할 수 없을 것 같은 순간에도
나의 사랑으로 그들을 사랑할 수 있게
나를 바라보며 기도해 주렴.

사람들은 모두 저마다의 연약함을 가지고 있단다.
각자의 어린 시절의 경험이나 여러 아픔들,
서로가 알지 못하는 다양한 인생의 여정들 속에서
지금의 연약함이 만들어진 거란다.

그런데 상대방의 그런 연약한 모습을 통해,
너도 함께 성장하고 다듬어질 수 있단다.
그 연약함을 수용하는 과정 자체로

네가 나의 마음을 알게 되는 귀한 여정이 될 테니까.

이제 누군가를 정죄하고 싶은 마음이 들 때면,
오히려 그 순간을 기회로 삼아 나를 더욱 바라봐 주렴.

너는 그 과정을 통해
더욱 다듬어지고, 성장할 거란다.

너의 삶에서 일어나는 모든 일은,
결국 너와 나를 더욱 깊이 연결해 주는
귀한 통로가 될 것이란다.

너희가 비판하는 그 비판으로 너희가 비판을 받을 것이요
너희가 헤아리는 그 헤아림으로
너희가 헤아림을 받을 것이니라
(마태복음 7:2)

어떻게 하나님이 예비한 짝이란 걸 알 수 있나요?

하나님,
요즘 하나님 안에서의 이성 교제를 위해
계속해서 기도하고 있어요.

이제는 귀한 만남을 시작해서
사랑의 관계를 배워나가고 싶어요.
하지만 아직 어떤 형제가
하나님이 저를 위해 예비하신 사람인지 잘 모르겠어요.

이성을 만날 때,
세상이 중요하게 여기는 기준은
외모나 능력, 돈, 매력 등이지만,
저는 하나님 안에서 구별된 기준을 가지고
기도하며 나아가고 싶어요.

하나님이 저를 위해 예비하신 짝은 어떤 사람일까요?
그리고 저는 어떤 마음으로 이 과정을 나아가야 할까요?

사랑하는 내 자녀야,
내 안에서 평생의 동반자를 찾고자 하는
네 모습이 너무나 사랑스럽구나.

네 말대로 세상이 말하는 이성을 선택하는 기준은
눈에 보이는 아름다움이나 풍족한 것들이란다.
왜냐하면, 그들의 삶의 목표는 '행복'이기 때문이야.

하지만 그들만의 기준으로 세운 행복을 좇다 보면,
결국 행복하지 않은 순간이 올 때
그 모든 것이 무너지게 된단다.

나는 네가 그렇게 사라져 버릴 세상의 기준이 아니라,
내 안에서의 진정한 가치를 바라보며 나아가길 원한단다.

무엇보다 먼저 네가 내 안에서 나의 사랑을 깊이 알고,
그 사랑을 흘려보낼 수 있는 사람이 되도록 나에게 나아오렴.

누군가를 사랑하는 것은 네 힘으로만 할 수 있는 일이 아니야.
먼저 네 마음이 나의 사랑으로 가득 차 있어야

그 사랑을 상대에게도 흘려보낼 수 있어.

그래서 누군가를 사랑하기 전에
먼저 네가 정말 사랑할 준비가 되어 있는지
돌아보는 것이 중요하단다.

그다음에 나의 시선으로 상대방을 봐주렴.
네 마음속에 너도 모르게 자리 잡은
세상의 가치관들을 내려놓고,
영원한 것을 보는 나의 시선으로 상대를 바라봐 주렴.

이처럼 너의 모든 시선을 온전히 나에게로 향한다면,
너를 위해 예비해 둔 너의 배우자를 보는 눈도 뜨일 거란다.

지금 각자의 자리에서 나를 바라보면서
서로를 위해 기도하며 나아가는
너희의 모습을 보니, 내 마음이 참 기쁘구나.

지금처럼 나와 동행하며 그 길을 걸어가자.
곧 함께하게 될 너희의 여정이 너무나 기대된단다.
이미 모든 것을 완벽하게 준비해뒀으니,
그저 날 신뢰하며 따라와 주렴.

너는 마음을 다하여 여호와를 신뢰하고
네 명철을 의지하지 말라
너는 범사에 그를 인정하라
그리하면 네 길을 지도하시리라
(잠언 3:5-6)

아름다운 자연을 보며, 하나님의 사랑을 더욱 느껴요!

하나님,
오늘은 길을 걷는데
봄 냄새가 솔솔 나며 기분이 좋아졌어요.

집으로 돌아가는 길에 만난 하늘이 푸르고,
조금씩 피어나는 새싹들도 너무 예쁜 데다가
따뜻한 봄바람이 느껴져서 절로 웃음이 나왔어요.

그래서 이 아름다운 자연 만물을 만드신
하나님을 찬양하게 되었어요.

섬세한 하나님 솜씨로 지어진
이 세상이 얼마나 아름다운지!

언제나 모든 만물을 통해
아버지의 사랑을 가득 전해주시는 하나님, 감사합니다.

사랑하는 내 자녀야,
아름다운 자연 속에서
나의 사랑을 가득 느끼는 너를 보니
나도 함께 기쁘구나.

네가 바라보는 모든 것에
나의 사랑을 가득 채워 놓았단다.

하늘을 올려다보면 보이는
뭉게구름 속에 나의 사랑이 담겨 있고,
길을 걷다 보게 되는 작은 풀잎 하나에도
나의 섬세함이 담겨 있단다.

나는 모든 자연 만물을 통해
언제나 너에게 사랑을 말하고 있어.

내가 이 모든 것을 지은 이유는
바로 너를 사랑하기 때문이고,
내가 이 세상을 창조한 이유는
내 사랑을 보여주기 위함이라고 말이야.

내 사랑아,
네가 자연을 보며 감탄하는 모습만 봐도
나는 큰 기쁨을 느낀단다.

눈을 들면 보이는 나의 사랑 속에서,
내 사랑의 고백을 기억해 주렴.

이 세상은 나의 러브레터란다,
오직 너를 향한.

주의 손가락으로 만드신 주의 하늘과
주의 베풀어 두신 달과 별들을 내가 보오니
사람이 무엇이관대 주께서 저를 생각하시며
인자가 무엇이관대 주께서 저를 권고하시나이까
(시편 8:3-4)

저도 모르게
세상의 가치관에 물들어 있어, 너무 괴로워요

하나님,
요즘 계속 제 머릿속에서 영적 전쟁이 벌어져요.

분명 하나님이 기뻐하시지 않을 생각이란 것을 아는데,
저도 모르게 세상의 가치관에 물들어버린
생각을 하고 있을 때가 많아요.

누군가를 사랑할 때도 대가 없는 사랑이 아니라
저의 유익을 먼저 바라보는 사랑을 하게 되고,
제 미래를 상상할 때도
세상적인 풍요로 제 삶이 더 채워지길 바라게 돼요.

분명 이 모든 게
하나님이 주시는 마음이 아니란 걸 알고 있는데,
그럼에도 계속해서 이런 생각들에 사로잡혀
하나님을 향한 저의 마음들마저 무뎌져요.

이 모든 악한 생각을 내려놓고,

온전히 하나님을 바라보며 평안을 누리고 싶어요.

사랑하는 내 자녀야,
너의 솔직한 마음과 연약함을
있는 그대로 나에게 말해주어 고맙단다.

나를 바라보려 계속해서 애쓰고 있지만,
너도 모르게 네 머릿속이 세상의 가치로 가득 차 버려
그 괴리감 속에서 혼란스러워하고 있구나.

사도 바울도 너와 같은 고백을 했단다.
선을 행하고자 하는 마음이 있지만,
그 마음속에 악도 함께 있다고 말이야.

하지만 곧 바울은 이렇게 고백했지.
그리스도 예수 안에 있는 생명의 법이
죄와 사망의 법에서 자신을 해방했다고.

인간은 연약하기에

그 마음에 악한 생각이 틈타는 건 당연한 일이란다.
본성이 악을 즐거워하기 때문이지.

하지만 나의 독생자 아들로 말미암아
너는 이미 모든 죄로부터 해방되었단다.

혹시 반복해서 악한 생각이 네 머릿속을 채운다면
그때는 믿음으로 이렇게 선포해 주렴.

"내 마음을 사로잡고 있는 악한 영은,
예수의 이름으로 명하노니 물러갈지어다."라고 말이야.

이 믿음의 선포를 하는 순간,
그 모든 악한 생각은 힘을 잃을 거란다.
내가 너를 위해 일할 것이기 때문이야.

나는 이미 세상을 이겼고,
너는 나의 사랑하는 자녀이기 때문에
언제나 승리는 너의 것이란다.

그러니 두려워하거나 괴로워하지 말고
그저 나를 바라보고 기도하렴.
나는 언제나 너의 기도를 기다리고 있단다.

지금도 너에게 승리를 주기 위해,
내가 기다리고 있단다.

이는 그리스도 예수 안에 있는 생명의 성령의 법이
죄와 사망의 법에서 너를 해방하였음이라
(로마서 8:2)

도저히 사랑할 수 없는 사람이 있어요

하나님,
직장에 도저히 사랑할 수 없는 사람이 있어요.

그 사람과 함께 일할 때마다,
어떤 사고가 일어날지 노심초사하게 되고,
소통하는 과정에서도
항상 그 사람의 태도에 기분이 상해요.

대화를 통해 관계를 회복하고 싶지만,
몇 마디 주고받다 보면 느껴지는 그 사람의 강한 고집에
마음을 바로 접게 되어요.

하나님의 화평을 공동체에 전하는 자가 되어야 하는데,
저도 모르게 나오는 감정적인 제 모습에
자책하는 날들이 늘어나고 있어요.

하나님의 사랑으로 그 사람을 품을 힘을 주세요.

사랑하는 나의 자녀야,
계속해서 네 마음을 어렵게 하는 사람이 있구나.

그 사람으로 인해 계속해서 괴로워하고,
또 사랑하려 몇 번이고 노력했지만
그렇게 하지 못하는 자신을 보며
다시 무너지는 네 모습을
나는 다 바라보고 있었단다.

전혀 이해할 수 없는 행동들과
도저히 수용할 수 없는 말들로
계속해서 너를 힘들게 하는 그 사람으로 인해
괴로워하는 너를 보면 내 마음도 아프단다.

그런데 그거 아니?
나는 네가 너의 힘으로 그 사람을
사랑하길 원하는 것이 아니란다.

네 힘으로 어떻게든 노력하고 발버둥 치며
그 사람을 용서하고 수용하길 바라는 것이 아니란다.

너는 내 사랑을 충분히 누리고 있니?
내 사랑이 너의 마음을 깊이 적시고 있니?

내가 원하는 건,
네가 먼저 나의 사랑으로 충분히 채워지는 것이란다.
먼저 너의 마음이 나로 인해
평안과 감사로 가득 차는 것이란다.

억지로 네가 그 사람을 사랑하길 원하지 않아.
그 사람이 나에게 소중한 만큼,
너도 나에게 세상 그 무엇보다 소중한 존재란다.

나는 네가 먼저 나의 사랑으로 가득 찼으면 좋겠어.
네가 먼저 나의 사랑을 듬뿍 누린 후,
그 사랑을 흘려보냈으면 좋겠어.

네 힘으로 사랑하는 그 과정이 참 쉽지가 않지?
계속해서 작은 일에도 더 상처받게 되지?

그런데 네가 먼저 나로 채워져있다면,
네 안에 있는 내가 그 사람을 사랑할 거야.
내가 너에게 그 사랑의 마음을 줄 거야.

내가 너에게 주는 사랑의 책임은
부담이 아닌,
너와 내가 나눈 사랑의 결과란다.

사랑하지 아니하는 자는 하나님을 알지 못하나니
이는 하나님은 사랑이심이라
(요한일서 4:8)

자꾸만 하나님보다 좋아지는 것들이 있어요

하나님,
시험이 끝나고 자유로운 날들을 보내는 요즘,
마음이 너무 편안하고 행복해요.

맛있는 것도 맘껏 먹고,
오랫동안 못 만났던 친구들도 만나고 있어요.
그동안 못 했던 것들을 하나하나 하는
이 시간들이 너무 소중해요.

그런데 사실 하고 싶은 걸 하며 바쁘게 살다 보니,
하나님과의 교제 시간을 잘 지키지 못하는 것 같아
그 부분은 좀 아쉬워요.

저의 이런 모습을 보고 계신
하나님의 마음도 속상하시겠죠?

사랑하는 내 자녀야,
요즘 네 마음 가운데 무엇이 가장 큰
자리를 차지하고 있니?

내가 너에게 준 많은 것들을
잘 누리고 있는 너의 모습을 보며 나도 참 기쁘단다.
하지만 가끔 네가 나보다 내가 준 선물들을
더 우선시하는 모습을 보면 참 안타까워.

기억하렴. 너의 참된 행복은 오직 나로부터 나온단다.
내가 너에게 준 것들이 너에게 행복을 줄 수 있지만,
그것들은 금방 사라질 수 있는 것들이야.

친구나 가족, 돈이나 명예, 여러 감정들까지,
그 모든 것이 본질적인 행복이 아니란다.

오직 나와 함께 할 때에만
너는 진짜 행복을 누릴 수 있어.

내가 너를 지었고,

네 마음 안에는 나만이 채울 수 있는 자리가 있기 때문이야.

네가 누리고 있는 것들 안에서,
나와 동행하기까지 한다면
너는 가장 온전한 기쁨을 누게 될 거란다.
그리고 그 기쁨을 통해 나는 영광 받게 될 것이란다.
그것이 바로 내가 널 지은 목적이야.

오늘도 나와 동행하며 그 기쁨을 오롯이 누리고,
네가 느끼는 그 기쁨을 나에게 나누어 주겠니?
나는 언제나 이 자리에서 너를 기다리고 있단다.

그런즉 너희는 먼저 그의 나라와 그의 의를 구하라
그리하면 이 모든 것을 너희에게 더하시리라
(마태복음 6:33)

하나님과 동행하는 결혼준비는
어떻게 하는 건가요?

하나님,
요즘 분주하게 결혼 준비를 하고 있어요.
하나하나 신경 써서 챙기고 준비해야 할 것들이 참 많아요.

그런데 바쁜 일상을 보내며 문득,
새로운 가정을 위한 준비 가운데
제가 너무 눈에 보이는 것들에만
집중하고 있었다는 마음이 들었어요.

결혼식 준비도 중요하지만 그보다 더 중요한 것은
결혼식 이후 하나님과 동행하는
새로운 가정에서의 삶을 위한 준비라는 생각이 들었어요.

앞으로 새로운 가정을 위해
더욱 하나님께 집중해서 기도하고,
제 마음을 준비해 나가야겠어요.

사랑하는 내 자녀야,
너무나 귀한 축복의 여정을
열심히 준비하고 있는 너의 모습이 참 아름답구나.

새로운 가정이 탄생하는 데서 오는 기쁨이
벌써부터 나를 설레게 한단다.

결혼식을 준비하는 과정이 참 분주하고 바쁘지?
인생의 중요한 순간을 위한 준비인 만큼,
눈에 보이는 것들에 마음이 쏠리기 쉬울 거야.

하지만 결혼의 참된 목적은
사람들에게 보이기 위한 멋진 결혼식이 아니라,
내 안에서 두 사람이 하나 되어 참된 연합을 이루고,
그 사랑을 흘려보내는 거룩한 공동체가 되어가는 것이란다.

결혼식 하루를 위한 준비에만 초점을 맞추지 말고,
새롭게 시작할 귀한 가정과 하나의 공동체로 함께 지어져 갈
시간을 위해 기도를 쌓으렴.

또한 내가 너에게 보내준
너의 짝을 위해 더욱 열심히 기도하렴.

너무나 다른 두 사람이 만나 한 몸을 이루는 여정 속에서
서로의 연약함을 품어주고, 나의 사랑으로 서로를 보듬으며
함께 거룩의 길로 나아갈 수 있도록
서로를 위해 기도하렴.

세상이 말하는 화려한 결혼식과 축하보다,
영원히 함께할 동반자와의 약속이 이루어지는 그날을
기도로 준비하렴.

내가 그 모든 과정에서 너희와 함께하며,
나의 사랑과 은혜를 너희에게 풍성히 부어줄 거란다.
너희의 가정을 통해 세상에 내 사랑이 가득 전해지길,
진심으로 축복한다.

이러므로 남자가 부모를 떠나
그의 아내와 합하여 둘이 한 몸을 이룰지로다
(창세기 2:24)

하나님께서 알려주신 사랑을 실천하기가 어려워요

하나님,
공동체에서 나의 이익을 내려놓고,
다른 사람을 섬겨야 할 때가 참 많아요.

그런데 여전히 저에게 섬김의 자리는
큰 노력과 의지가 필요한 자리예요.

저도 더 많은 걸 누리고 싶고
놓치고 싶지 않은 것들이 많은데,
저의 욕심을 내려놓고 다른 사람을 먼저 섬기는 것이 어려워요.

하나님께서 가르쳐 주신 사랑은 아가페 사랑인데,
그 헌신적인 사랑을 공동체에서 실천하는 것이
여전히 버거운 것 같아요.

하나님의 그 사랑의 마음을 꾸준히 묵상하다 보면,
저도 조금씩 하나님을 닮아가는 삶을 살 수 있겠죠?

사랑하는 내 자녀야,
나의 사랑을 배워가고 있구나.

헌신적인 사랑을 실천하기 위해
고군분투하는 네 모습이 참 귀하단다.

너의 욕심과 유익을 내려놓고,
다른 사람의 필요를 먼저 돌아보는 것이 참 쉽지가 않지?

하지만 사랑을 배운다는 것은
단 한순간에 끝나는 일이 아니란다.

계속해서 너의 모난 부분들을 다듬어가며
내 사랑으로 너를 채우고,
그 사랑을 흘려보내는 삶을 살아가는 연습이 필요하단다.
즉, 네 인생에서 끊임없이 사랑을 연습해 나가는 것이지.

지금 너의 모습을 보면 여전히 부족해 보일 수도 있어.
하지만 그건 너무 당연한 일이란다.
부족한 네 모습에 실망하거나 자책하지 말고,

앞으로 나와 함께 사랑을 배워나갈 여정을
더욱 기대해 주지 않을래?

진짜 사랑을 흘려보내기 위해 노력하는 너의 모습이,
이미 내 마음을 기쁘게 한단다.

이제 내 안에서 사랑을 깊이 누리렴.
그러면 그 사랑이 흘러 또 다른 사랑을 만들어 낼 거야.
나와 함께 그 사랑을 연습해 보자.

사랑은 오래 참고 사랑은 온유하며 시기하지 아니하며
사랑은 자랑하지 아니하며 교만하지 아니하며
무례히 행하지 아니하며
자기의 유익을 구하지 아니하며 성내지 아니하며
악한 것을 생각하지 아니하며 불의를 기뻐하지 아니하며
진리와 함께 기뻐하고 모든 것을 참으며 모든 것을 믿으며
모든 것을 바라며 모든 것을 견디느니라
(고린도전서 13:4-7)

직접 쓰는 나의 기도

(사랑)

Chapter 4

너는 존재 자체로
나에게 기쁨을 준단다

정체성

하나님, 제 아기 시절도 기억나세요?

하나님,
오늘은 너무 귀여운 아기를 보고 왔어요.

태어난 지 1년이 채 안 된 아기가
꼬물거리는 모습이 얼마나 사랑스러운지!
정말 세상 그 무엇과도 바꿀 수 없이 소중하다는 게
어떤 느낌인지 바로 알 수 있었어요.

돌아오는 길에 문득
'하나님도 내가 아기였을 때부터
모든 과정을 함께 하셨겠네?' 하는 생각이 들면서,
'그때의 나와 지금의 나를 보는 하나님의 마음은 어떨까?'
궁금해졌어요.

하나님! 제 아기 시절이 기억나시나요?
제가 기억하지 못하는 그 순간에도,
하나님은 저와 항상 함께하셨겠죠?
저를 바라보며 어떤 생각을 하셨나요?

사랑하는 내 자녀야,
네 삶의 모든 여정을 함께 걷는 것이
나에게 얼마나 큰 기쁨인지 너는 알고 있니?

세상을 만들기 전, 나는 너를 지명하여 불렀단다.
너를 그 무엇과도 바꿀 수 없는 나의 자녀로 택했단다.

너의 부모님이 너를 처음 만나 기뻐한 그 순간,
나도 벅차오르는 그 기쁨을 함께 누렸단다.

네가 첫 걸음마를 떼고, 옹알이를 하던 그 모든 순간마다
나는 너의 아름다운 성장을 보며 크게 기뻐했단다.

너의 삶의 여정 가운데,
나는 한순간도 너를 떠난 적이 없었어.

아이였을 때뿐만 아니라, 학생이 되고 성인이 되어
자유롭게 살아가는 지금까지도,
나는 너를 바라보며 늘 함께하고 있었단다.

네가 믿음으로 나를 너의 삶의 주인으로 받아들이고,
너의 모든 삶을 나와 함께하겠다고 기도한 그날,
그 순간을 나는 언제나 기억하고 있단다.

수많은 고난 속에서도 나를 의지하고,
아버지라 부르며 다시 일어서는
너의 모습이 얼마나 사랑스럽던지….

나는 지금까지 그래왔듯,
앞으로도 너의 남은 모든 삶에 너와 함께할 거란다.
너보다 앞서 네가 갈 모든 길을 예비할 거란다.

앞으로 네가 나아가야 할 길들이
세상의 눈에는 희미해 보일지도 몰라.
하지만 언제나 너를 위해 가장 선한 것을 준비하는
나를 신뢰해 주렴.

나의 구름 기둥이 머무는 곳에 함께 머무르고,
그 기둥이 이동하는 곳으로 함께 나아가자.

오늘도 너와 함께 하는 이 시간이
참 기쁘구나. 내 사랑아.

여호와께서 그들 앞에 행하사
낮에는 구름 기둥으로 그들의 길을 인도하시고
밤에는 불 기둥으로 그들에게 비취사
주야로 진행하게 하시니
낮에는 구름 기둥, 밤에는 불 기둥이
백성 앞에서 떠나지 아니하니라
(출애굽기 13:21-22)

저는 다른 사람들보다 부족한 것 투성이에요

하나님,
오늘은 저 자신이 너무 초라해 보이는 날이었어요.
직장에서 일하다가 계속 실수하고 혼나는 제 모습을 보면서
너무 큰 자괴감이 들었어요.

옆에 함께 일하는 동료는 모든 걸 척척 잘 해내는 것 같은데,
저는 항상 실수하고, 혼나고,
왜 이렇게 부족한지 모르겠어요.

하나님의 자녀로서 세상에서도 멋지게 살아가고 싶은데,
맡은 일을 완벽하게 해내지 못해서
저 스스로 계속해서 남들과 비교하게 돼요.

다른 사람이 잘하는 모습을 보면 질투하게 되고,
타인의 성공을 기쁜 마음으로 축하해 줄 수가 없어요.
이렇게 계속 마음에서 다른 사람들과 저를 비교하게 되어요.

하나님이 바라시는 저의 모습은 세상에서의 빛과 소금인데,
이런 제가 어떻게 그런 삶을 살아갈 수 있을까요?

남들보다 부족한 제가 무엇을 할 수 있을까요?

사랑하는 내 자녀야,
우주 만물보다도 더 소중한 나의 사랑아.
내가 너를 지을 때,
얼마나 기쁘고 좋았는지 아니?

내 눈에 너는 이 세상 그 무엇보다도
더 아름다웠단다.
너는 내 계획 안에서 온전하게 지음 받은 존재야.

너라는 존재는, 이미 그 자체로
나에게 가장 큰 기쁨이란다.
그런데 너는, 너 자신을 그렇게 바라보고 있니?

내가 만든 너는,
이 세상 어떤 것과도 비교할 수 없이
소중하고 귀한 존재인데

너는 자꾸만 다른 사람과 너 자신을 비교하며
좌절하고 무너지는구나.
자기를 사랑하지 못하는 너를 보며
나는 너무 안타깝단다.

내가 너를 만들 때,
나는 너에게 부족함을 주지 않았단다.
네가 가진 모든 것은 너에게 가장 잘 맞는,
나의 뜻 가운데 있는 것들이야.

세상은 계속 너에게 말할 거야.
너는 실력이 부족하고, 돈이 부족하고,
지식이 부족하고, 외모가 부족하고,
행복이 부족하고, 명예가 부족하다고….

세상은 계속해서 네 시선이
네가 가지지 못한 것을 보게 할 거야.

하지만 그 모든 것은 사탄이 주는 마음이란다.
너의 모습이나 네가 가진 모든 것은
내가 너를 위해 가장 최고의 것으로 준비한 거야.
그 어느 것 하나 부족함 없이,
너보다 너를 더 잘 아는 내 손길이 닿은 것들이지.

세상이나 주변 사람 보다,
우주 만물을 창조한 나를 바라봐 주렴.
저 별과 구름, 해와 달을 만든 나를 바라보렴.

너는 존재만으로 이미 귀하고 소중하단다.
내가 너를 만든 너의 아빠이기 때문에.

주께서 내 내장을 지으시며
나의 모태에서 나를 만드셨나이다
내가 주께 감사하오음은 나를 지으심이 심히 기묘하심이라
주께서 하시는 일이 기이함을 내 영혼이 잘 아나이다
(시편 139:13-14)

다른 사람들의 시선에서 자유롭고 싶어요

하나님,
저는 다른 사람의 시선에
굉장히 예민한 사람인 것 같아요.

사람들과 새로운 관계를 형성할 때마다
'이 사람은 나를 보고 어떤 생각을 할까?',
'내 이런 모습이 어떻게 보일까?',
이렇게 끊임없이 다른 사람의 시선을 의식하게 되어요.

그리고 많은 사람이 있는 곳에 가면
너무 긴장되서 땀도 나고,
또 많은 사람 앞에서
발표라도 해야 하는 순간이 오면,
모두의 시선이 저를 향하는 게
그렇게 두려울 수가 없어요.

다른 사람들 앞에서도 당당하고
자신감 있게 자기 이야기를 하고,
타인의 시선에 크게 연연해하지 않는 것 같은

사람들을 볼 때면,
괜히 혼자 주눅 들고 그 사람을
부러워하고 있는 저를 보게 되어요.

저의 이런 성향도,
언젠가 바뀔 수 있을까요?

사랑하는 내 자녀야,
오늘도 너의 모습을 보는 것만으로도 나는 기쁘구나.

여러 가지 관계의 문제들 속에서,
계속해서 무너져도 다시 또 성장해 가는 너를 보면
얼마나 사랑스럽고 기특한지 모른단다.

그런데 사람과 사람 사이에서
다듬어져 가는 여정은 참 쉽지가 않지?

특히 다른 사람들에게 내가 어떻게 보일까,
다른 사람들이 나를 어떻게 생각할까

고민하고 또 걱정하는 너를
나도 안타까운 마음으로 바라보고 있었단다.

그런 너에게 나는 이 말을 꼭 해주고 싶어.
있는 그대로의 너는 이미 너무나 아름답다는 걸 말이야.

내가 심사숙고해서 만든 너의 성격이나
다른 사람들과 조금 다른 너의 특성들,
너만이 뿜어낼 수 있는 그 에너지까지,
그 모든 것이 너무나 아름답단다.

내가 사랑하는 너의 모든 모습을
너도 사랑해 주지 않을래?

다른 사람의 시선을 의식해서 너를 바꿔나가지 말고,
세상의 기준에 너의 고유한 특성들을 맞춰가는 것이 아니라,
내가 오직 너만을 위해 창조한 너의 본모습을 사랑해 주겠니?

물론 너의 부족한 부분들을 다듬어가는 것은 중요해.
그런데 네가 다른 사람의 시선에 너를 맞추느라,
너를 잃어버리지 않았으면 좋겠구나.

너의 모습은 그 자체로
내가 깊이 사랑하는 모습인 걸 알아주기 바란단다.

세상이 뭐라고 말해도
너는 내가 모든 정성을 쏟아 만든
나의 사랑하는 걸작품이란다.

이제 알겠니?
네가 얼마나 사랑스러운 존재인지.

야곱아 너를 창조하신 여호와께서 지금 말씀하시느니라
이스라엘아 너를 지으신 이가 말씀하시느니라
너는 두려워하지 말라 내가 너를 구속하였고
내가 너를 지명하여 불렀다니 너는 내 것이라
(이사야 43:7)

예배를 꼭 교회에 가서 드려야 하나요?

하나님,
코로나 시기를 겪으면서 교회에 출석하지 않고
온라인으로 예배드리는 사람들이 많아졌어요.

주변에서도 그런 사람들을 보게 보면서,
이제는 환경이 회복되었으니
나와서 함께 예배드리면 좋겠다는 마음이 들었어요.
그런데 이미 편한 예배 환경에 적응해 버린 사람들에게
교회에서 드리는 예배가 중요하다고
어떻게 말해주면 좋을지 고민하게 됐어요.

사실 집에서 자유롭게 예배드리고
복잡한 인간관계에서 벗어나
편하게 혼자 신앙생활을 하는 것이
겉으로 보기엔 더 편할 수 있는데,

우리는 왜 교회에 나가서 예배드려야 하는 걸까요?

사랑하는 내 자녀야,

네 말대로, 요즘 많은 사람이 개인 예배를 선호하고 있단다.
환경적으로나 심적으로 개인 예배가 훨씬 더 편할 수도 있지.

하지만 교회에서 함께 예배드린다는 것은
단순히 어떤 형식을 넘어
믿음의 공동체의 일원으로 하나 되는 것을 의미한단다.

나를 더 알아가고, 나의 사랑을 경험하며
또 다듬어지고 훈련받는 그 모든 과정은
혼자가 아니라 함께일 때 가능하단다.

물론 네가 있는 자리에서
말씀을 읽고 기도하고, 찬양하는 것도
나와 깊은 일대일 교제를 누리는 소중한 시간이란다.

하지만 나는 너희가 한 공동체를 이루어 계속해서 모이며,
서로 떡을 떼고, 사랑하며
함께 깊은 은혜를 누리기를 원한단다.

교회는 곧 한 몸이란다.
손과 발이 따로 있을 수 없듯이,
사랑하는 너희가 함께 모여 각자의 역할을 잘 감당하고,
또 하나가 되어 서로 섬기며 살아가길 바라.

그 과정이 때로는 쉽지 않을 수도 있지만,
그 모든 과정 또한 나를 닮아가고,
나를 더 깊이 알아가는 귀한 과정이 될 거란다.

쉬운 길만을 택하려 하지 말고,
나와 함께 하는 길을 택해주렴.

홀로 가는 것이 아니라,
내가 창세 전부터 계획해 둔
귀한 공동체와 함께 신앙의 길을 걸어가 주렴.

서로 돌아보아 사랑과 선행을 격려하며
모이기를 폐하는 어떤 사람들의 습관과 같이 하지 말고
오직 권하여 그 날이 가까움을 볼수록 더욱 그리하자
(히브리서 10:24-25)

뚜렷한 비전이 없는 저는
어떤 마음으로 살아야 하나요?

하나님,
오늘은 교회에서 비전을 나누는 시간을 가졌어요.

다들 직장, 가정, 관계에서
멋진 비전을 가지고 살아가고 있었어요.

그런데 저는 자신감 있게 제 비전을 말하지 못했어요.
사실 아직 저에게는 뚜렷한 비전이 없거든요.

제 직장이 하나님의 사랑을 전하는 일과
크게 관련 있는 곳도 아니고,
관계나 가정에서 어떤 비전을 가져야 할지 잘 모르겠어요.

저도 다른 사람들처럼 비전을 가지고
열정적으로 나아가고 싶은데, 그게 어려워요.

제 삶의 의미는 무엇일까요?
저는 어떤 마음으로 매일을 살아가야 할까요?

사랑하는 내 자녀야,
어떤 비전으로 삶을 살아가야 하는지 고민하고 있구나.

그런데 말이야.
지금 이렇게 너의 비전을 고민하는 그 모습 자체가
나에게는 참으로 귀하단다.

누군가는 내 안에서 빠르게 비전을 찾고
어릴 때부터 그 비전을 향해 달려갈 수 있어.
하지만 조금 더 긴 시간 동안 삶의 경험을 쌓은 후에야
자기 삶의 방향을 발견하는 사람도 있단다.
모든 사람은 각자의 때에 맞는 길을 가고 있어서,
다른 사람보다 뒤처지는 것 같다고 속상해할 필요가 없단다.

'어떤 마음을 가지고 매일을 살아가야 할까?'
궁금해하는 너에게 내가 해줄 말은 아주 간단하단다.
나에게 영광 돌리는 삶을 살아내주렴.

네가 나와 직접 관련된 곳에서 일하지 않아도,
그 자리에서 일하는 네 마음이 나를 향해 있다면

사람들은 너를 통해 나를 보게 될 것이란다.
그리고 나에게 영광 돌리게 될 거야.

가정에서 살아갈 때도,
친구를 만나며 네 일상을 살아갈 때도,
너의 모든 순간 나와 동행한다면
그것이 바로 나에게 영광 돌리는 삶이 되는 거란다.

네가 그렇게 매일의 삶을 살아가다 보면,
자연스럽게 내 안에서 너만의 비전을 발견하게 될 거야.
그러니 조급함을 내려놓고,
내 손 꼭 잡고 너의 삶을 함께 살아가자.

멋진 비전이 없어도 괜찮단다.
네가 나에게 영광 돌리는 그 모든 순간이
나에게는 가장 크고 아름다운 선물이란다.

그러므로 형제들아
내가 하나님의 모든 자비하심으로 너희를 권하노니
너희 몸을 하나님이 기뻐하시는 거룩한 산 제물로 드리라
이는 너희가 드릴 영적 예배니라
(로마서 12:1)

부족함 많은 제가 부모가 될 자격이 있을까요?

하나님,
부모란 어떤 존재일까요?

세상의 모든 사람이 완벽하지 않은데,
부모의 자리에 있게 되면 한 아이를 양육하기 위해
정말 큰 책임감이 필요한 것 같아요.

오늘 어릴 적 부모로부터 충분한 사랑을 받지 못한 아이들이
어떤 결핍을 느끼는지, 또 그것이 아이들의 성장에
어떤 부정적인 영향을 끼치는지 들었는데,
부모의 중요성이 더욱 느껴지더라고요.

그런데 동시에,
'연약한 내가 어떻게 부모의 자리에 설 수 있을까?'
걱정이 되기 시작했어요.

'나 혼자 사는 것도 여전히 힘든데,
이런 내가 어떻게 한 아이를 온전히 키울 수 있을까?'
라는 마음이 들며, 벌써 불안해져요.

하나님 안에서 부모란 어떤 존재일까요?
저는 어떤 마음으로,
부모가 되는 그 길을 준비해 가야 할까요?

사랑하는 나의 자녀야,
부모로서의 책임감에 대해 걱정하고 있구나.

네 말대로 부모라는 자리는 정말 쉽지 않아.
한 생명을 품고, 낳아 양육하며 성장시키는 일은
정말 큰 헌신과 노력이 필요하단다.

하지만 그렇게 많은 노력이 필요한 만큼,
부모라는 역할은 세상 그 어떤 역할보다
더 귀하고 중요한 사명이란다.

한 아이를 키워가는 여정 속에서,
나의 사랑과 인내, 그리고 지혜를 깊이 배우게 될 거야.

목숨을 다 내어줄 정도로 사랑한다는 것이 무엇인지,
나 자신보다 누군가를 더 사랑한다는 것이
어떤 의미인지 직접 느끼며
다른 어떤 관계에서도 경험할 수 없는 사랑을
만나게 될 것이란다.

또한 나에게 모든 것을 전적으로 맡기고,
나의 손을 꼭 잡고 나아가는 삶을 경험하게 될 거란다.

한 치 앞도 알 수 없는 생명을 키우는 여정 속에서,
너와 아이의 삶의 주권을
온전히 나에게 다 맡기는 훈련을 하게 될 거야.

그러니 부모라는 자리를 향한 두려움을 내려놓으렴.
그 자리는 너 홀로 걸어가는 길이 아니야.
나와 함께하는 거란다.

아이를 키우는 그 시간은
네 삶에서 가장 찬란하고 빛나는 시간이 될 거란다.
그 어디에서도 느끼지 못한 사랑을 느끼고,
네 안에 큰 기쁨이 차오를 거야.

그러니 네 안의 두려움은 내려놓고,

Chapter 4 · 너는 존재 자체로 나에게 기쁨을 준단다 기대함으로 나와 함께 그 길을 걸어가자.
네가 나와 동행하는 것만으로도,
이미 너는 최고의 부모가 될 준비가 끝났단다.

보라 자식들은 여호와의 기업이요
태의 열매는 그의 상급이로다
(시편 127:3)

중요한 시험을 준비하며, 마음 지키기가 어려워요

하나님,
입시를 위해 공부하고 있는데
이 과정에서 마음 지키기가 정말 힘들어요.

학교와 학원에서는 언제나 경쟁을 부추겨요.
친구들과 함께 힘을 모아 이 시간을 이겨내고 싶은데,
서로 경쟁자라는 생각이 있다 보니
진정한 신뢰 관계를 만들어가기가 어려워요.

또 매일매일 반복되는 일상을 보내면서
'이렇게 사는 것이 맞나?',
'나는 대체 뭘 위해서 이렇게 살아가는 것일까?'
하는 생각이 머릿속을 가득 채워요.

그래서 마음을 붙들기 위해
하나님을 바라보려고 계속해서 노력 중이에요.

하나님, 제가 이 여정을 잘 마칠 수 있도록
저에게 힘과 지혜를 더하여 주세요.

사랑하는 내 자녀야,
요즘 입시 공부를 하면서 힘들어하고 있구나.

세상은 끊임없이 너에게 말할 거야.
네 삶의 목표가 뛰어난 점수를 받는 것이며,
옆에 있는 친구보다 더 잘 해내야 한다고 말이야.

하지만 세상의 가치에 흔들리지 않기를 바란단다.
네가 지금 걷고 있는 이 길은,
단순히 좋은 점수를 받아 세상이 말하는 뛰어난 성취를
이루기 위한 길이 아니란다.

이 길은, 내 안에서 내가 널 위해 예비해 놓은
멋진 비전을 향해 나아가는 과정이란다.

그러니 점수나 숫자에만 집중하는 것이 아니라,
내 안에서의 비전을 바라보려고 노력해 주렴.
계속해서 나와 교제하며
널 향한 나의 생각과 계획을 함께 알아가자.

또한 네가 있는 그 공동체에서
세상에 물들지 않는 나의 선한 영향력을 흘려보내 주렴.
네 주변 친구들도 세상의 가치에 물들어
성공과 점수만을 바라보며 달려가고 있을 거야.

그런 친구들에게 네가 먼저 손을 내밀어
진정으로 의미 있는 삶이 무엇인지,
내 안에서 누리는 참된 행복이 무엇인지 알려주지 않을래?

그리고 그 길을 걸어가기 위해서는
먼저 네가 나와 동행해야겠지?

난 언제나 이 자리에서 널 응원하며 기다리고 있단다.
너의 괴로운 마음을 다 내게로 가져오렴.
네가 나에게 나아오는 순간,
네 무거운 짐이 깃털처럼 가벼워질 거야.
네 힘이 아닌, 나의 지혜로 그 길을 나아가자.

너는 마음을 다하여 여호와를 신뢰하고
네 명철을 의지하지 말라 너는 범사에 그를 인정하라
그리하면 네 길을 지도하시리라
(잠언 3:5-6)

모태신앙인데, 하나님과 가까워지는 방법을 모르겠어요

하나님,
저는 어릴 적부터 부모님을 따라 교회에 다녔어요.
그래서 이제는 매주 교회에 가서 예배드리는 게 익숙해요.

그런데 사실 제가 하나님을 전적으로 의지하며,
하나님을 저의 삶의 주인으로 모시고 있는지는 의문이에요.

하나님과 더 가까워지고 싶은데,
어떻게 해야 할지 방법을 잘 모르겠어요.

눈에 보이지 않는 하나님을 어떻게 바라보아야 할까요?

또 하나님과 친밀해져야 한다고 하는데
그건 어떻게 해야 하는 걸까요?

사랑하는 내 자녀야,
나와 더욱 깊은 교제를 원하는 네 모습이
참 기특하고 사랑스럽구나.
네가 이 마음을 품기까지,
나는 계속해서 널 기다리고 있었단다.

이제는 부모님을 따라가던 신앙생활에서 벗어나,
너의 시선과 중심을 나에게로 돌려
나와 일대일 관계를 만들어가 보자.

나는 특별한 예배의 자리에서만 너와 함께하는 것이 아니란다.
나와 동행하는 삶은 생각보다 간단하단다.
네 일상에서 나를 바라보고, 나를 생각하려고 노력하는 거야.

네가 길을 걸을 때나 학교에서 공부할 때,
그리고 친구들과 놀고 있을 때 등
모든 순간, 나는 너와 함께하고 있단다.

네가 너의 시선을 나로 돌리기만 하면,
언제나 널 바라보며 사랑을 부어주는 나를 느낄 수 있을 거야.

또한 말씀과 기도를 통해
너는 나와 더욱 친밀해질 수 있단다.

말씀은 내가 너에게 보내는 편지야.
그 안에서 너를 향한 나의 계획과 마음을 알게 될 거야.
또한 기도를 통해 너는 나와 대화하며
우리의 관계는 점점 더 깊어지게 될 거란다.

나와 함께 하는 삶은,
이전의 네 삶과는 비교할 수 없는 행복을
너에게 가져다줄 거야.

너와 함께 손잡고 걸어갈 그 길이 나는 참으로 기대된단다.
나는 천지를 창조하기 전부터 이 순간을 기다려왔단다.
드디어 나를 바라봐 주어서 고맙구나.
내 사랑아.

나는 포도나무요 너희는 가지라 그가 내 안에,
내가 그 안에 거하면 사람이 열매를 많이 맺나니
나를 떠나서는 너희가 아무 것도 할 수 없음이라
(요한복음 15:5)

너무 힘든 날들을 보내며, 감사하는 마음이 사라졌어요

하나님,
이번 주에 직장 일이 정말 힘들었어요.
쉬지 않고 몰려오는 일들을 처리하는 것도 힘들었고,
함께 일하는 동료들과의 관계 속에서 발생한 충돌도
저를 지치게 했어요.

그렇게 정신없는 한 주를 보냈는데,
제 마음속에 '감사'란 단어를 찾아볼 수가 없었어요.
매 순간 선하신 하나님을 바라보며,
모든 것에 대해 감사하고 싶은데
분주한 일상 속에선 하나님도, 감사도 생각나지 않아요.

성경에는 "항상 기뻐하라. 쉬지 말고 기도하라.
범사에 감사하라."라고 적혀있지만,
현실을 살아가며 모든 순간 감사하기는
참 쉽지 않은 것 같아요.

제 삶의 바쁘고 지치는 순간에도 감사가 회복되길 원합니다.

사랑하는 내 자녀야,
힘든 현실 속에서도 감사하려고 노력하는
네 모습이 참 귀하구나.

세상 사람들에게 '감사'란,
좋은 일이 있을 때나
자기에게 도움 되는 일들이 일어났을 때,
따라오는 반응이란다.

하지만 내 안에서 '감사'는,
나를 전적으로 신뢰하고, 너의 모든 것을 나에게 맡길 때
비로소 나타나는 자연스러운 반응을 의미한단다.

그러니 네가 나를 온전히 신뢰한다면,
상황과 환경에 관계없이 감사를 고백하게 될 거야.

네가 모든 순간에 감사하기 위해서는
억지로 감사할 것을 찾는 것이 아니라
먼저 나를 전적으로 신뢰하는 것이 필요하단다.

네가 나의 임재를 깊이 누리게 된다면,
기쁜 일이든 슬픈 일이든 결국 모든 것이 내 안에서
선을 이루게 된다는 것을 알게 될 거야.
그때 자연스럽게 네게서도 감사의 고백이 흘러나올 거란다.

이를 위해서는 특별한 예배의 자리뿐 아니라,
네 매일의 일상의 속에서도 내가 너와 함께한다는 것을
기억하고 의식적으로 나를 바라봐 주렴.

감사할 상황이 아니어도,
내가 언제나 너와 함께하며
네 모든 삶을 신실하게 이끌고 있다는 것을 믿는다면,
자연스럽게 감사를 고백할 수 있을 거야.

힘든 시간들 속에서도 나를 바라봐 주어서 고마워, 내 사랑아.
너의 감사를 통해 나는 영광 받을 거란다.

범사에 감사하라
이것이 그리스도 예수 안에서
너희를 향하신 하나님의 뜻이니라
(데살로니가전서 5:18)

하고 싶은 것만
하면서 사는 사람들이 더 행복해보여요

하나님,
요즘 주변 사람들의 모습을 보면 그들의 삶이 부럽고,
제 삶이 볼품없이 느껴질 때가 종종 있어요.

다들 맛있는 거 먹고, 하고 싶은 것들 맘껏 다 하면서
행복하고 풍요로운 삶을 사는 것 같은데,
괜히 저 혼자만 누릴 수 있는 것들을 누리지 않고
참으며 살아가는 것 같아요.

물론 다른 사람들도 눈에 보이는 것처럼
항상 행복한 삶만을 살아가고 있진 않을 거예요.

그런데 저도 모르게
그들의 자유로운 모습이 부러워요.
그러면서 동시에 하나님을 따르는 이 삶이
무언가 제한받는 삶이라는 생각을 하게 되어요.

이런 저의 모습을 하나님이 보시면 얼마나 가슴 아플까요?

사랑하는 내 자녀야,
세상을 살아가는 다른 사람들의 모습을 보며
그들의 삶을 부러워하고 있구나.

그래, 네 말처럼 세상 사람들의 삶이
자유롭고 행복해 보일 수 있단다.
그들이 하고 싶은 대로
본능을 따라 모든 것을 누리는 삶이
겉으로는 참 풍성해 보일 거야.

그런데 말이야.
겉으로 보기에 아름답고 화려한 그들의 삶을
조금 더 깊이 들여다보면 어떤 상태일지 궁금하구나.
분명 그들 마음 깊은 곳에는 공허함이 자리하고 있을 거란다.

맛있는 것을 먹고,
아름다운 것을 보고 느끼는 행복은
아주 잠깐일 뿐이란다.
고개를 돌리는 순간,
빠르게 사라져 버릴 것들이지.

하지만 너는 나와 함께
영원한 행복의 길을 걷고 있지 않니?
내가 너에게 주는 것은 한계와 제한이 아니란다.

오히려 네가 온전히 삶을 누릴 수 있도록,
이 광활한 우주를 창조한 내가
오직 너만을 위해 준비해 놓은 특별 선물이란다.

내가 너를 위해 준비한 기쁨의 순간들은,
사라져 버릴 세상의 가치와는 차원이 다르단다.

세상 속에서 살아가다 보면,
지금처럼 눈에 보이는 것들에 마음이 흔들릴 수 있을 거야.
언제나 세상은 화려함과 풍족함으로 너를 유혹할 테니까.

하지만 이것만은 꼭 기억해 주렴.
너는 내 안에 있을 때 가장 참된 행복을 누릴 수 있단다.
나는 너를 지은 창조주이며,
너보다 너를 더 잘 알고 있기 때문이지.

겉보기에는 화려하지만 헛된 세상의 길이 아니라,
태초부터 오직 너를 위해 준비된 이 길을
나와 함께 기쁨으로 걸어가지 않을래?

우리가 주목하는 것은 보이는 것이 아니요
보이지 않는 것이니 보이는 것은 잠깐이요
보이지 않는 것은 영원함이라
(고린도후서 4:18)

다른 종교와 기독교는 뭐가 다른 건가요?

하나님,
저는 모태신앙이지만 가끔 신앙에 대한 의심이 생겨요.

주변 친구들이 가지고 있는 다양한 종교를 보며,
'결국 기독교도 수많은 종교 중 하나이지 않을까?'
하는 생각이 들 때도 있어요.

또 삼위일체 하나님이
눈에 보이지 않는데 정말 실재하시는지,
내 삶을 이끌어주고 계신 게 맞는지
의문이 생길 때도 있어요.

기독교와 다른 종교의 차이가 뭘까요?
왜 기독교만이 유일한 진리일까요?

사랑하는 내 자녀야,
네 신앙에 대해 다시금 돌아보는 이 시간이
너에게 참으로 귀한 시간이 되겠구나.

교회에 꾸준히 출석하는 것과는 별개로,
너는 분명히 네 신앙에 대한 답을 찾고
스스로 나를 너의 하나님으로 믿어야 한단다.

그 고민을 나에게 솔직하게 말해주어 정말 고맙구나.

네 말처럼, 세상에는 수많은 종교가 있단다.
사람은 스스로의 연약함을 알기에,
무언가 의존할 대상을 끊임없이 찾기 때문이지.

하지만 세상의 종교들은
스스로 노력하여 신을 기쁘게 하고
구원을 얻으려 애써야 한단다.
각자의 노력으로 영원한 행복을 얻어내야 하는 거지.

하지만 나는 다르단다.

죄인이었던 너희를 위해
내 아들을 이 땅에 보냈단다.
죄로 인해 나와 함께 할 수 없던 너희를 위해,
내가 사랑하는 독생자 예수를 보내어
너희를 나의 자녀 삼았단다.

나의 자녀가 되기 위해,
그 모든 죄를 씻기 위해,
너희 힘으로 할 수 있는 것은 아무것도 없단다.

내가 너희를 사랑해서 모든 것을 이미 다 이뤄놓았고,
너희는 그저 온 마음으로 나를 믿기만 하면 되는 거란다.
너희의 노력이나 행위가 아닌,
오직 믿음으로 말미암아 구원을 얻게 되는 것이란다.

더불어 나는 너희와
진정한 교제를 원하고 있단다.
너는 나의 사랑하는 자녀야.
나는 온 세상 그 무엇과도 너를 바꿀 수 없단다.

너는 그저 나를 바라보며,
기쁨으로 나와 함께 삶을 걸어가면 된단다.
나는 네가 단지 하나의 신으로 바라보며,

나에게 굴복하기를 원하는 것이 아니란다.
나는 너의 참 아버지가 되어,
너와 사랑을 나누고 싶어 한단다.

이제 네 마음의 문을 열어 주겠니?
나의 사랑을 받아들이고,
네 모든 삶을 나와 함께 걸어가 주겠니?

네 삶은 오직 내 안에서만 온전해질 수 있단다.
오직 나만이 유일한 진리란다.

하나님이 세상을 이처럼 사랑하사 독생자를 주셨으니
이는 그를 믿는 자마다 멸망하지 않고
영생을 얻게 하려 하심이라
(요한복음 3:16)

하나님이 우리를 지으신 목적이 무엇인가요?

하나님,
오늘 친구를 만나고 왔는데 그 친구와의 대화 속에서
친구의 삶의 목표가 '행복'이라는 걸 많이 느꼈어요.

직장이나 이성 관계, 친구 관계 등
모든 것이 결국 행복을 향해 있었어요.

집에 돌아오는 길에
'세상 사람들은 행복을 위해 살아가는데,
대체 하나님께서 무엇을 위해 사람을 창조하셨을까?',
'무엇이 진정한 우리 삶의 목적일까?'
하는 궁금증이 생겼어요.

우리는 무엇을 위해 살아가도록 지음 받았을까요?

사랑하는 내 자녀야,
삶 가운데서 만날 수 있는 모든 질문을
나에게 가져와 주니 너무나 기쁘구나.

사람의 존재 이유에 대해 고민하고 있구나.
그 고민은 네 삶의 방향성을 정립하는 데
아주 큰 역할을 하게 될 것이란다.

내가 사람을 창조한 이유는,
함께 사랑하기 위함이란다.

내 사랑을 너희도 함께 누리고,
너희가 나를 찬양하고 경외하며,
세상 속에 나의 영광을 드러내는 것.
이것이 너의 삶의 목적이란다.

모든 사람은 서로 다른 환경과
성향을 가지고 살아가지만,
결국 모든 사람의 공통된 삶의 목표는
나를 찬양하고 경외하는 것이란다.

어떤 사람은 선생님으로서
아이들을 가르치며 나를 찬양할 것이고,
어떤 사람은 요리사로서
맛있는 음식을 통해 나를 찬양할 것이야.

각자의 자리에서, 각자의 모습으로 나의 영광을 드러내는 것.
나의 사랑과 진리를 세상 속에 전하는 것.
이것이 바로 내가 사람을 창조한 목적이란다.

가끔은 그 목적을 잊고, 혼란스러울 때도 있을 거야.
그럴 때에는 나의 말씀을 읽고,
나와 기도로 대화하며 다시 나에게 나아오렴.

세상이 말하는 행복을 목적으로 삼지 말고,
나를 바라봐 주렴.

너를 지은 내가,
다시 너에게 삶의 목적과 희망을 풍성하게 채워줄게.

오직 나만이 네 삶의 방향을 맞춰줄 수 있단다.
내가 너를 만들었기에.

그런즉 너희가 먹든지 마시든지 무엇을 하든지
다 하나님의 영광을 위하여 하라
(고린도전서 10:31)

직접 쓰는 나의 기도

 정체성

따라 적어보세요 (위로)

내가 사망의 음침한 골짜기로 다닐지라도
해를 두려워하지 않을 것은
주께서 나와 함께 하심이라
주의 지팡이와 막대기가 나를 안위하시나이다
(시편 23:4)

따라 적어보세요

너희 안에서 행하시는 이는 하나님이시니
자기의 기쁘신 뜻을 위하여
너희에게 소원을 두고 행하게 하시나니
(빌립보서 2:13)

따라 적어보세요 （사랑）

너희는 강하고 담대하라 두려워하지 말라
그들 앞에서 떨지 말라
이는 네 하나님 여호와 그가 너와 함께 가시며
결코 너를 떠나지 아니하시며
버리지 아니하실 것임이라 하고
(신명기 31:6)

따라 적어보세요 (정체성)

야곱아 너를 창조하신 여호와께서 지금 말씀하시느니라
이스라엘아 너를 지으신 이가 말씀하시느니라
너는 두려워하지 말라 내가 너를 구속하였고
내가 너를 지명하여 불렀나니 너는 내 것이라
(이사야 43:7)

내게 와닿은 문장

Special page · 문장 수집

내게 와닿은 문장

내게 와닿은 문장

Epilogue

'세상에 물들지 않고, 세상을 물들이며 살아가는 것'

 청년의 때에, 교회에서 배운 대로 삶의 자리에서 하나님의 자녀로 살아가는 것이 참 쉽지 않습니다. 우리가 살고 있는 모든 삶의 현장에는 세상의 가치들이 넘쳐나며, 그 무너진 가치들은 매 순간 우리를 물들이려 기를 쓰고 있습니다. 더러 우리는 세상 유혹에 휩쓸려 정체성을 잊어버리기도 하고, 비교 의식에 빠져 괴로워하기도 합니다. 또 자존감이 낮아져 우울한 날들을 보내기도 하고, 청년의 때에 마주하게 되는 수많은 변화 속에서 우리의 중심이 무너져버리기도 합니다.
 하나님은 이렇게 연약한 우리의 모습을 보시고 뭐라 말씀하실까요? 우리에게 빨리 다시 일어나 하나님의 자녀로서 멋지게 살아가라며 혼내실까요? 아니면 이런 우리 모습에 답답해 하실까요? 저는 하나님이 이렇게 말씀하실 거로 생각합니다.

"나는 너를 사랑한다. 네가 어떤 연약함을 가졌다 해도, 네가 어떤 모습을 하고 있을지라도 너를 사랑한다. 내 사랑아, 나와 함께 가자. 나는 언제나 너와 함께하고 있단다. 이제 나를 바라봐주렴."

이 책을 통해 청년들을 향한 하나님의 마음을 전하고 싶었습니다. 하나님께서는 우리의 어떤 모습 때문에 우리를 사랑하시는 것이 아니라, 우리의 가장 연약한 모습이나 가장 죄인 된 모습을 이미 다 아시고도 우리를 사랑하시는 분이라는 것을 알려주고 싶었습니다. 하나님의 사랑으로 세상을 물들이기 위해선, 먼저 우리 마음이 하나님의 사랑으로 가득 채워져야 합니다. 그리고 그 시작은 어렵지 않습니다. 우리의 시선을 하나님께 돌려놓는 것부터 회복이 시작되니까요.

이 책을 통해 하나님의 위로와 사랑을 경험하셨다면, 이제 하나님과의 1:1 교제를 회복하고 그분을 바라보셨으면 좋겠습니다. 하나님은 우리와의 일대일 대화를 언제나 기다리고 계십니다. 말씀과 기도, 그리고 순종을 통해 하나님께로 다시 나아가, 삶의 회복을 이루시길 함께 기도합니다.

혹시 이 책을 통해 하나님의 존재를 처음 접하게 되셨다면, 먼저 너무 환영합니다. 책을 읽으며 어떤 마음을 느끼셨을지 모르지만, 이 사실 하나만은 알아주셨으면 좋겠습니다. 책에 감히 다 담을 수 없을 만큼 하나님은 당신을 사랑하시며, 하나님께는 당신을 향한 놀라운 계획이 있다는 것을요. 그리고 지금도 하나님은 당신을 애타게 바라보시며, 당신 마음의 문을 두드리고 계신다는 것을요.

† 태초에 하나님이 천지를 창조하시니라 (창세기 1:1)

† 하나님이 세상을 이처럼 사랑하사 독생자를 주셨으니 이는 그를 믿는 자마다 멸망하지 않고 영생을 얻게 하려 하심이라 (요한복음 3:16)

† 볼지어다 내가 문 밖에 서서 두드리노니 누구든지 내 음성을 듣고 문을 열면 내가 그에게로 들어가 그와 더불어 먹고 그는 나와 더불어 먹으리라 (요한계시록 3:20)

 우주 만물을 창조하신 하나님께서 당신을 많이 사랑하시고, 언제나 당신과 함께 할 순간을 기다리고 계십니다! 함께 영원한 행복의 길로 나아가 보아요!

하나님께 DM이 왔습니다

초판 1쇄 발행 2025년 5월 20일
초판 2쇄 발행 2025년 6월 20일
초판 3쇄 발행 2025년 9월 30일

지은이 류하은 (hamuk_365)
펴낸곳 아웃오브박스 / **펴낸이** 윤성화
편집 심은선 / **디자인** 쇼이디자인

출판등록 2018년 2월 14일 제 2018-000001호
주소 경상남도 밀양시 새미안길 9-1 갤러리빌라 101호
전화 070-8019-3623
메일 out_of_box_0_0@naver.com

ISBN 979-11-984561-13 (03230)

*정가는 책 뒤표지에 있습니다

이 책의 판권은 지은이와 아웃오브박스에 있습니다.
이 책은 저작권법에 의해 보호를 받는 저작물이므로 무단 복제 및 무단 전재를 금합니다.